HEILENDE GEBETE

Pater Eusebius Erlenspiehl

HEILENDE
GEBETE

LUDWIG

INHALT

Ich überließ alles in Gottes Hände,
und es ging alles gut!

Carl von Linné (1707–1778)

WAS HEISST BETEN?

Wer verlangt, der verlange noch reichlicher.
Denn so viel er verlangen kann, so viel wird er erhalten.
Ja, er wird nicht nur nach dem Maße seines
unvollkommenen Verlangens empfangen,
sondern ein gutes und volles, gerütteltes und
überfließendes Maß.

BERNHARD VON CLAIRVAUX (UM 1090–1153)

Ein Vater arbeitete mit seinem kleinen Sohn im Garten. Der Vater mähte den Rasen, während der Junge das Unkraut jäten und aus den frisch umgegrabenen Blumenbeeten die Steine klauben wollte.

Als der Vater mit dem Rasenmähen fertig war, sah er nach, wie weit sein Sohn gekommen war. Der Junge aber hatte noch nichts von dem geschafft, was er sich vorgenommen hatte, weil er immer noch vergeblich versuchte, einen großen Stein alleine wegzutragen. Vor Anstrengung stand ihm schon der Schweiß auf der Stirn. »Papa, ich schaffe es einfach nicht!«, sagte er. Da fragte der Vater: »Hast du denn wirklich alles versucht, was du kannst?« Der Sohn schaute ihn zornig an und antwortete empört: »Na klar habe ich das! Was denkst denn du?« Der Vater schüttelte den Kopf und lächelte: »Nein, du hast nicht alles getan, was du kannst: Du hast mich nämlich nicht gebeten, dir zu helfen!«

Gott um Hilfe bitten

Diese kleine Geschichte illustriert, was ein Gebet sein kann. Wir sind nicht unbescheiden, wenn wir Gott um Hilfe bitten, wie ein Kind seinen Vater um Hilfe bittet. Ganz im Gegenteil: Indem wir uns an Gott wenden, bezeugen wir unser Vertrauen in den Schöpfer und verbinden uns mit der göttlichen Macht. Wenn wir eine Bitte an Gott richten, tun wir etwas, was Gott von uns erwartet. Darauf zu bestehen, alles ohne Gottes Hilfe tun zu wollen, ist fast schon hochmütig.

Vertrauen, dass Gott hilft

Wir können darauf vertrauen, dass uns Gott beisteht, wenn wir uns in unserer Not an ihn wenden. Natürlich kann Gott erwarten, dass wir unser Bestes geben – er hat uns mit vielen Gaben ausgestattet, die es uns ermöglichen, das Leben zu bewältigen. Doch wenn wir nicht mehr weiter wissen, wenn wir in Not sind, wenn wir Angst haben, unser Leben nicht mehr bewältigen zu können, können wir Gewissheit haben, dass er uns hilft. Verzichten wir auf die Möglichkeit, uns in Not an Gott zu wenden, verzichten wir auch auf Gott.

Warum beten wir eigentlich?

Beten geschieht aus verschiedenen Gründen: Wir können uns an Gott wenden, um ihn um Hilfe zu bitten oder um ihn für das Gute, das er an uns tut, zu danken. Wir können Gott im Gebet verehren oder ihn um Hilfe für andere bitten. Vor allem aber beten wir, um Gott näher zu sein. Beten ist das Gespräch mit Gott. Im Gebet spüren wir Gott in uns, wenn er unser Bewusstsein und unser Herz erfüllt. Und das Erfülltsein von Gott bedeutet letztlich Heilung für uns!

Mit diesem Buch möchte ich Ihnen helfen zu beten und gleichzeitig helfen zu verstehen. Sie werden in späteren Kapiteln für eine Reihe von Problemkreisen Formulierungsvorschläge für Gebete fin-

den. Ich werde Ihnen Anleitungen geben, wie Sie kurze Gebetsformeln gebrauchen können, um mit Ihrer Seele gefühlte Gebete zu »sprechen«, und ich werde Ihnen auch zeigen, wie Sie sich mit wortlosen Gebeten, mit »Bildgebeten«, an Gott wenden können.

Darüber hinaus konfrontiere ich Sie auch in jedem Abschnitt mit ein paar Gedanken darüber, welchen Sinn und welche Bedeutung eine Krankheit oder ein seelisches Problem haben können. Sie müssen diese Gedanken nicht bedingungslos annehmen – menschliche Weisheit ist niemals Gottes Weisheit. Doch hoffe ich, dass Ihnen diese Gedanken dabei helfen, sich klarer darüber zu werden, worum Sie Gott wirklich bitten wollen.

Das A und O bleibt, dass Sie aufrichtig, und mit offenem Herzen und mit Liebe zu Gott beten – und dass Sie sich Gottes Rat nicht verschließen, sondern ihn vertrauensvoll befolgen.

Pater Eusebius Erlenspiehl

Unsere Gebete werden umso schneller zu den Ohren
der göttlichen Güte emporgetragen,
je größer die Glut der Liebe ist,
mit der wir gegenseitig füreinander beten.

Gregor der Grosse (590–604)

Über das richtige Beten

Wenn wir beten, verbinden wir uns mit der unerschöpflichen Allkraft, die die Sonnen und Milchstraßen im Universum ihre Bahnen verfolgen lässt. Wir bitten darum, dass ein Teil dieser Kraft uns ... zuteil werde.

Und schon indem wir bitten, wird unser Verlangen erfüllt, die Kraft strömt in uns ein, und wir erheben uns gestärkt und wiederhergestellt.

ALEXIS CARREL (1873–1944)

Beten ist ein Gespräch mit Gott. Wollen wir aber mit Gott sprechen, dann sollten wir auch die Dinge beherzigen, die wir in einem Gespräch mit einem Mitmenschen, zumal mit einem guten Freund, beachten würden.

Das Gespräch mit Gott

Das Erste, was unser Gegenüber in einem Gespräch erwarten kann, ist, dass wir uns auf ihn konzentrieren und ihn wahrnehmen. Das sollte erst recht im Gespräch mit Gott gelten! Vielleicht kommt es ja auf einer Party oder bei einem Geschäftsessen vor, dass man mit seinem Gesprächspartner über Belanglosigkeiten plaudert, kaum weiß, was man redet, den anderen wenig beachtet und im Grunde an etwas ganz anderes denkt.

Gott aber kann von uns wohl erwarten, dass wir unsere Gedanken auf ihn richten, wenn wir mit ihm sprechen – vor allem, wenn wir ihn um etwas bitten. Wenn wir beten, sollte Gott in unseren Gedanken und in unserem Herzen sein.

Zum Zweiten ist es in einem Gespräch nicht nur wichtig, dass man spricht, sondern auch, dass man zuhören kann. Sicher ist es Ihnen auch schon mal passiert, dass jemand zu Ihnen, aber nicht mit Ihnen gesprochen hat? Dass er nicht hörte, vielleicht gar nicht hören wollte, was Sie antworteten? Dass er also eigentlich gar nicht mit Ihnen sprach, sondern lediglich sein Ich vor Ihnen produzierte? Wahrscheinlich haben Sie ein solches Gespräch nicht sonderlich geschätzt, da das Wort, das an Sie gerichtet schien, gar nicht Sie als Person meinte, sondern Sie im Grunde missachtete. Wenn wir zu Gott beten, sollten wir unser Herz und unsere Ohren auch auf Gott richten und auf seine Antwort lauschen.

Zum Dritten ist es für ein wertvolles Gespräch wichtig, offen und aufrichtig mit seinem Gegenüber zu sein, das, was man sagt, auch wirklich ernst zu meinen. Wer hört in einem wichtigen Gespräch schon gern Schmeicheleien, Unwahrheiten, Selbstlob oder versteckte Andeutungen? Gott wird nicht darauf hereinfallen, wenn wir unaufrichtig sind, wenn wir ihm zu schmeicheln versuchen, wenn wir uns selbst als besser darstellen, als wir es sind. Im Gebet sollten wir aufrichtig sein, uns selbst gegenüber und Gott gegenüber, auch wenn Gott ohnehin weiß, was wir denken und fühlen. In der Bibel lesen wir bei Matthäus, was Jesus zum rechten Beten sagte:

Und wenn du betest, sollst du nicht sein wie die Heuchler; denn sie lieben es, in den Synagogen und an den Ecken der Straßen stehend zu beten, damit sie von den Menschen gesehen werden. Wahrlich, ich sage euch, sie haben ihren Lohn dahin. Wenn du aber betest, so geh in deine Kammer, und nachdem du deine Tür geschlossen hast, bete zu deinem Vater, der im Verborgenen ist, und dein Vater, der im Verborgenen sieht, wird dir vergelten. Wenn ihr aber betet, sollt ihr nicht plappern wie die Heiden; denn sie meinen, dass sie um ihres vielen Redens willen erhört werden. Seid ihnen nun nicht gleich; denn euer Vater weiß, was ihr benötigt, ehe ihr ihn bittet. (Mt 6)

Jesus spricht von zwei Übeln: Vom Beten, um vor den Menschen fromm zu erscheinen, und vom gedankenlosen Beten, dem »Plappern«. Beides ist auch heute noch häufig zu beobachten.

Das Zurschaustellen einer gar nicht vorhandenen Frömmigkeit ist besonders schlimm. Was ist das anderes als Lügen? Mehr noch: Es ist der Missbrauch der Beziehung zu Gott. Wer betet, um vor anderen als fromm dazustehen, verlernt das wirkliche Beten, verlernt, mit Gott zu kommunizieren, verlernt die Aufrichtigkeit. Wie viel mehr verliert er als er dadurch vielleicht an Ansehen bei einfältigen Menschen gewinnt!

Auch das gedankenlose Beten, das Jesus in dem obigen Zitat anspricht, ist häufig anzutreffen. Sicher geschieht es meist nicht aus bösem Willen. Viele Menschen, die gedankenlos beten, wollen wirklich zu Gott beten, doch wissen sie nicht genau, wie sie das tun können.

Ein Gebet, das eine Bedeutung hat, sollten wir bewusst sprechen – das heißt, dass wir verstehen sollten, was wir mit dem Gebet meinen. Das ist leider nicht selbstverständlich. Gerade die traditionellen christlichen Gebete, die einen tiefen und bedeutsamen Sinn haben, werden oft nur noch als leere Formeln gesprochen. Dann ist es so, wie Jesus bei Matthäus sagt: Es wird nicht mehr wirklich gebetet, sondern »geplappert«.

Beim Beten sollten wir also das, was wir sagen, wirklich meinen. Denken Sie einmal über die Gebete nach, die Sie kennen und die Sie vielleicht bisher gedankenlos vor sich hin gesagt haben.

Was sagen Gebete?

Wahrscheinlich ist Ihnen das Vaterunser, das wichtigste Gebet der Christenheit, bekannt, und Sie haben es in Ihrer Jugend auswendig gelernt. Nahezu jeder Christ wird dieses große und grundlegende Gebet kennen und vielleicht auch dann und wann sprechen.

Aber was bedeutet dieses Gebet wirklich? Es drückt – wie alle Gebete – das aus, was der Betende Gott mitteilen will.

Was bedeutet Ihnen das Vaterunser? Versuchen Sie einmal, das Vaterunser mit Ihren eigenen Worten zu sprechen und dabei das zu sagen, was Sie darunter verstehen! Das könnte dann wie in unserem Beispiel lauten:

Vater unser

Gott, Du bist mein Vater in der höheren wirklichen Welt,

Du bist mir so wichtig, dass ich Deinen Namen nur mit Liebe und mit Ehrfurcht nenne.

Ich freue mich, dass Du die Welt zum Guten leitest.

Natürlich verstehe ich nicht immer, was Du willst,

doch ich will Deinen Willen tun,

denn das ist immer das Richtige.

Danke, dass Du dafür sorgst, dass es mir so gut geht.

Bitte verzeihe mir, wenn ich Fehler mache, ich werde mich bemühen, es Deinem Vorbild gleich zu tun.

Bitte schicke mir keine zu schweren Prüfungen,

sondern hilf mir, dem Schlechten zu widerstehen.

Um all das bitte ich Dich von ganzem Herzen.

Wenn Sie Ihr ganz persönliches Vaterunser formuliert haben und sich bewusst gemacht haben, was Sie mit dem Gebet wirklich meinen, dann können und sollten Sie auch wieder die traditionelle Form, wie Sie im Folgenden abgedruckt ist, sprechen – nun aber mit Sinn erfüllt:

VATERUNSER

Vater unser im Himmel,
geheiligt werde Dein Name.
Dein Reich komme.
Dein Wille geschehe,
wie im Himmel, so auf Erden.
Unser tägliches Brot gib uns heute.
Und vergib uns unsere Schuld,
wie auch wir vergeben unseren Schuldigern.
Und führe uns nicht in Versuchung,
sondern erlöse uns von dem Bösen.
Amen.

Das Gebet ohne Worte

Wir haben bisher nur über eine Art zu beten gesprochen: das gesprochene Gebet, das unsere Gedanken in Worten ausdrückt, mit denen wir uns an Gott wenden. Es gibt aber auch noch andere Formen des Gebets.

Da ist zum einen das gefühlte Gebet, in dem wir mit unseren Gefühlen zu Gott sprechen. Nicht alles, ja vielleicht sogar das Wenigste, was wir fühlen, ist mit Worten zu sagen. Gerade die innige Liebe, die wir zu Gott empfinden können, geht über Worte weit hinaus.

Sich direkt mit dem Herzen an Gott zu wenden, ohne die Vermittlung von Worten, ist eine hohe, wertvolle Form des Gebetes. Sicher fällt diese Art zu beten vielen Menschen schwer. Die meisten von uns brauchen Worte, denn wir sind es ja gewohnt, mit Worten zu sprechen. Aber auch wenn wir mit Worten beten, sollte dies immer von einem gefühlten Gebet begleitet werden! Denn: Ein ausschließlich aus Worten bestehendes Gebet wendet sich nicht wirklich an Gott.

Es gibt Gebete, die sich in anderen »Sprachen« an Gott wenden: in der Sprache der Musik, der Kunst, des Tanzes, des Lachens. In dieser Art von Gebeten sind Worte überflüssig.

Bildgebete

Auch mit Bildern, die wir vor unserem inneren Auge entstehen lassen, können wir beten. Manchmal ist es sogar leichter, in Bildern zu beten anstatt mit Worten, da unser Auge dem Herzen näher steht als der Mund. Wenn wir beispielsweise Gott darum bitten, uns von einer Krankheit zu befreien, ist es einfacher, Gott ein Bild unseres Leidens und ein Bild der Befreiung von dem Leiden zu zeigen, als das mit Worten auszudrücken.

In diesem Buch, in dem es ja vor allem um heilende Gebete geht, werden Sie für diese Art des Betens mit Hilfe von Bildern immer wieder Anleitungen und zahlreiche Beispiele finden.

Das gefühlte Gebet

Schließlich gibt es auch Gebete, die zwar Worte gebrauchen, doch nicht im üblichen Sinne. Der oder die Betende setzt dabei die Worte nicht ein, um sich nach außen zu wenden, sondern um in sich selbst eine Veränderung auszulösen, die Gott erreicht.

Solche Gebete bestehen aus wenigen Worten, die so oft wiederholt werden, bis sie für den Verstand keinen Sinn mehr ergeben, nur noch für das Gefühl. Man könnte sagen, diese Form des Betens sei die Verwandlung eines gesprochenen in ein gefühltes Gebet. Ein Beispiel für ein solches Gebet, das gerade kranken Menschen helfen kann, ist die Wiederholung der Worte:

»Gott, Du bist in mir, Du machst mich heil.« Auch dieser Form des Gebetes, das Kraft gibt, werden Sie in diesem Buch begegnen und Anleitungen dazu erhalten.

Gott im Gebet zuhören

Wenn wir beten, sprechen wir mit Gott – ob wir nun mit Worten, mit dem Herzen, mit dem Bewusstsein oder dem Unbewussten, mit Gedanken, Gefühlen oder Taten mit ihm kommunizieren. In einem Gespräch gibt es aber immer Sprecher und Zuhörer. Deshalb ist es auch beim Beten ganz besonders wichtig, nicht nur selbst zu sprechen, sondern auch auf Gott zu hören. Gott wird unsere Gebete nicht nur hören, sondern uns auch antworten. Und er kann wohl ebenso von uns erwarten, dass wir uns bemühen, seine Antwort zu hören. Ebenso gilt auch, dass wir auf das gelesene oder gehörte Gotteswort antworten, beispielsweise, indem wir unser Leben, unsere Handlungen und unsere Unterlassungen gemäß Gottes Antwort neu überdenken. Manchmal fällt es schwer, das Herz für Gottes Antwort zu öffnen. Gott spricht ja nicht (immer) mit hörbaren Worten zu uns. Gottes Antwort kann in den Dingen liegen, die er uns erleben lässt, in Gefühlen und Erinnerungen, die in uns auftauchen – sogar Krankheitssymptome können »Worte« Gottes sein, mit denen er uns sagt, wie wir in unser Leben eine Wendung zum Besseren bringen können.

Was sollen wir beten?

Wenn wir auf die vielen Gebete der Christenheit zurückgreifen, die schon von anderen gesprochen wurden. In diesen traditionellen Gebeten steckt eine große Kraft, denn ihre Worte sind Worte der Kraft, hinter denen die Gedanken und Gefühle der vielen tausend Menschen stehen, die sie im Lauf der Zeit schon gesprochen haben.

Zu diesen kraftvollen Gebeten gehören die traditionellen christlichen Gebete, wie das Vaterunser (Seite 14) oder das Gloria (Seite 17). Dazu gehören aber auch die Psalmen, die schon von Jesus gebetet wurden, und Texte von Kirchenliedern.

Die altergebrachten Gebete sind sehr wertvoll und eine Hilfe, wenn uns die Worte fehlen. Doch wir dürfen und sollen auch mit unseren eigenen Worten beten. Wir wollen ja persönlich mit Gott sprechen – und das heißt, dass wir sehr persönliche Dinge sagen müssen. Die richtigen Worte dafür können wir in den traditionellen Gebeten nicht immer finden.

Wie sollen wir beten?

Vor allem ist es wichtig, dass wir wirklich unser Herz in unser Gebet legen, dass wir ehrlich meinen, was wir Gott sagen. Bei traditionellen Gebeten, die uns vielleicht schon so in Fleisch und Blut übergegangen sind, dass wir die Worte, die wir sprechen, gar nicht mehr begreifen, passiert es, dass wir sie wie leere Worthülsen nur noch »plappern«. Dem können wir entgegenwirken, indem wir uns den Sinn dieser Gebete wieder bewusst machen und wir sie mit unseren eigenen Worten for-

Gloria

Ehre sei Gott in der Höhe
und Friede auf Erde den Menschen seiner Gnade.

Wir loben Dich, wir preisen Dich, wir beten Dich an,
wir rühmen Dich und danken Dir,
denn groß ist Deine Herrlichkeit:
Herr und Gott, König des Himmels,
Gott und Vater, Herrscher über das All,
Herr, eingeborener Sohn, Jesus Christus.

Herr und Gott, Lamm Gottes, Sohn des Vaters,
Du nimmst hinweg die Sünde der Welt: Erbarme Dich unser;
Du nimmst hinweg die Sünde der Welt: Nimm an unser Gebet;
Du sitzest zur Rechten des Vaters: Erbarme Dich unser.

Denn Du allein bist der Heilige, Du allein der Herr,
Du allein der Höchste: Jesus Christus,
mit dem Heiligen Geist,
zur Ehre Gottes, des Vaters.

Amen.

mulieren und, wenn uns der Sinn aufgegangen ist, zur bewährten Formulierung zurückkehren. Die Gebete, die Sie in diesem Buch finden, sollen Ihnen eine Hilfe bei der Lösung Ihrer persönlichen Schwierigkeiten sein.

Sie können diese Gebete so sprechen, wie sie im Buch abgedruckt sind – aber natürlich können Sie die Gebete auch als Anregung zur Formulierung Ihrer eigenen Gebete verwenden!

Wann sollen wir beten?

Gott hat immer Zeit für uns. Daher ist es gar nicht so wichtig, wann wir beten. Wir können also jederzeit und überall beten: am Morgen beim Aufstehen, beim Frühstücken, beim Autofahren, im Büro, vor dem Essen, in unserer Freizeit, beim Sport, in der Kirche, in der Natur, vor dem Schlafengehen, nachts, wenn wir nicht schlafen können ...

Zeit für das Gebet

Das soll natürlich nicht heißen, dass wir nun unablässig Wortgebete sprechen. Wie ich schon erklärt habe, gibt es verschiedene Arten des Gebetes – auch solche Gebte, die keiner Worte bedürfen. Schließlich können wir auch unser ganzes Leben zu einem Gebet, zu einem Lob Gottes und zu einem einzigen Dankgebet an Gott machen.

PSALM

Die Himmel rühmen die Herrlichkeit Gottes, vom Werk seiner Hände kündet das Firmament. Ein Tag sagt es dem andern, eine Nacht tut es der andern kund, ohne Worte und ohne Reden, unhörbar bleibt ihre Stimme. Doch ihre Botschaft geht in die ganze Welt hinaus, ihre Kunde bis zu den Enden der Erde. Dort hat er der Sonne ein Zelt gebaut.

Die Leitung des Herrn ist vollkommen, sie erquickt den Menschen. Das Gesetz des Herrn ist verlässlich, den Unwissenden macht es weise. Die Befehle des Herrn sind richtig, sie erfreuen das Herz; das Gebot des Herrn ist lauter, es erleuchtet die Augen. Die Urteile des Herrn sind wahr, gerecht sind sie alle. Sie sind kostbarer als Gold, sie sind süßer als Honig ...

Wer bemerkt seine eigenen Fehler? Sprich mich frei von Schuld, die mir nicht bewusst ist! Behüte mich auch vor vermessenen Menschen; sie sollen nicht über mich herrschen. Dann bin ich ohne Makel und rein von schwerer Schuld. Die Worte meines Mundes mögen Dir gefallen; was ich im Herzen erwäge, stehe Dir vor Augen, Herr, mein Fels und mein Erlöser.

Dennoch ist es gut, ein paar feste Zeiten im Tagesablauf zu haben, die wir ausdrücklich dem Gebet, insbesondere dem gesprochenen Gebet, widmen.

Wenn Sie feste Zeiten für das Beten einplanen, schaffen Sie eine gute Gewohnheit, die Ihr Leben positiv beeinflussen wird. Feste Gebetszeiten erleichtern es Ihnen auch, zur Ruhe zu kommen und mit dem Beten innig vertraut zu werden. Wenn Sie es nicht gewohnt sind zu beten, fällt es Ihnen mit festen Gebetszeiten leichter, das Gebet in Zukunft zu einem erfreulichen Teil Ihres Lebens werden zu lassen. Schon bald werden Sie das tägliche Beten nicht mehr missen wollen, wenn Sie die Kraft des Gebets an sich selbst erfahren haben.

Als Gebetszeiten bieten sich besonders der Morgen und der Abend an. Wie könnten Sie Ihren Tag besser beginnen als mit Gott? Insbesondere wenn Sie unter Krankheiten und Sorgen leiden, kann Ihnen das morgendliche Gebet eine wunderbare Hilfe sein.

Dasselbe gilt für den Abend. Ist es nicht schön, den Tag mit einem Dank an Gott und vielleicht auch einer Bitte an ihn abzuschließen? Es wird Ihnen dann leichter fallen, die Augen zu schließen und unbeschwert zu schlafen, wenn Sie wissen, dass Gott über Sie wacht. Den Tag mit einem Gebet zu beginnen und abzuschließen und so den gesamten Tag unter den Schutz Gottes zu stellen – das ist eine wirklich gute Idee!

Zeit der Stille

Abgesehen vom Morgen und Abend möchte ich Ihnen ans Herz legen, eine zusätzliche Zeit für das Gebet zu reservieren, vor allem, wenn es Ihnen vielleicht noch schwer fällt, zu beten und zu glauben oder wenn Sie besondere Schwierigkeiten zu bewältigen haben, wenn Sie krank oder besorgt sind. Nehmen Sie sich eine Viertelstunde Zeit, die Sie als eine Zeit der Stille nutzen, in der Sie mit selbst formulierten oder traditionellen Gebeten zu Gott sprechen, in der Sie in der Bibel lesen oder stille, wortlose Gebete an Gott richten. Diese Zeiten der Stille und der Einkehr können einen ganz neuen Sinn in Ihr Leben bringen.

Was tun, wenn uns das Beten schwer fällt?

Menschen, die gelernt haben zu beten, erfahren das Betenkönnen als großes und wertvolles Geschenk, als eine Möglichkeit, selbst in schwierigen und scheinbar ausweglosen Lebenslagen noch einen Halt und eine Stütze zu finden.

Anderen fällt es jedoch aus den unterschiedlichsten Gründen schwer zu beten. Manche zweifeln an Gott, weil sie an der Welt zweifeln. Manche zweifeln an sich selbst und halten sich nicht für wert, von Gott erhört zu werden. Manche glauben schließlich nicht daran, dass das Beten ihnen helfen kann, weil das Glauben ihnen grundsätzlich schwer fällt.

Zweifel an Gott und der Welt

Fast jeder, auch der gläubigste Mensch, zweifelt mitunter an Gott, wenn er das Leiden in der Welt sieht oder selbst leidet. Er fragt sich verständlicherweise: Warum geschieht dies? Warum lässt Gott all das Leiden zu?

Sicherlich sind dies große, letztlich nicht beantwortbare Fragen. Doch wenn wir unsere Selbstbezogenheit ein wenig zurücknehmen, werden wir erkennen, dass es doch vermessen von uns wäre, das gesamte Wirken Gottes, seine Wege und seinen Willen vollständig verstehen zu wollen. Selbst der klügste Mensch weiß so viele Dinge nicht. Schon das einfachste einzellige Lebewesen, eine Mikrobe, eine einfache Stubenfliege bleibt selbst den genialsten Wissenschaftlern ein Wunder. Das Weltall mit seinen Milliarden Sternen und seinen unfassbaren Dimensionen kann vielleicht von den klügsten Physi-kern in seinen materiellen Erscheinungs-formen berechnet werden – doch je weiter die Wissenschaftler in die Geheimnisse der Materie eindringen, desto größer wird ihre Ehrfurcht vor der Schöpfung.

Ist es da nicht vermessen anzunehmen, wir könnten gar Gottes Wege verstehen? Wenn wir etwas bescheidener sind, werden uns die Zweifel an der Welt zum Glauben führen und nicht zum Zweifel am Glauben werden. Das Gebet kann uns dabei helfen, Zweifel zu überwinden.

Zweifel an sich selbst

Diejenigen Menschen, die zwar nicht an Gott, dafür aber an sich selbst zweifeln, scheinen auf den ersten Blick besonders demütig zu sein. Sie sind so demütig, dass sie sich für unwert halten, von Gott erhört zu werden. Doch ist das wirklich Demut? Oder ist es nicht vielleicht eher eine andere Form der Selbstbezogenheit?

ZWEIFEL ÜBERWINDEN

Bittet, und es wird euch gegeben werden; sucht, und ihr werdet finden; klopft an, und es wird euch aufgetan werden. Denn jeder Bittende empfängt, und der Suchende findet, und dem Anklopfenden wird aufgetan werden. Oder welcher Mensch ist unter euch, der, wenn sein Sohn ihn um ein Brot bittet, ihm einen Stein geben wird? Und wenn er um einen Fisch bittet, wird er ihm eine Schlange geben? Wenn nun ihr, die ihr Sünder seid, euren Kindern gute Gaben zu geben wisst, wie viel mehr wird euer Vater, der in den Himmeln ist, Gutes geben denen, die ihn bitten!«

Mt 7:7ff

Ist Gott etwa nicht groß genug in seiner Güte, dass er jedes seiner Geschöpfe liebt? Wer sich für unwert hält, von Gott erhört zu werden, sollte einmal darüber nachdenken, dass er damit Gottes Willen und Weisheit vorgreift, dass er besser als Gott selbst zu wissen glaubt, welche Pläne Gott mit ihm hat. Ein solcher Mensch sollte seine Demut ernst nehmen und seine versteckte Art des Hochmutes ablegen. Gottvertrauen heißt, Gott auch dann zu vertrauen, wenn man nicht mit dem Verstand begreifen kann, warum er hilft!

Zweifel an der Kraft des Gebetes

Diejenigen schließlich, die nicht daran glauben, dass das Beten ihnen helfen kann, begehen einen ähnlichen Fehler. Warum sollte das Gebet nicht helfen können, wenn Gott allmächtig ist?

Menschen, die vom Gebet wenig erwarten, können durchaus bescheiden sein. Es ist ja in gewisser Weise richtig, keine hochmütigen Forderungen an Gott zu stellen, ihm nicht Bedingungen zu stellen und feste Erwartungen zu hegen, wie er zu helfen hat.

Doch gilt es zu bedenken, dass uns Gott ja diese Gewissheit gegeben hat: Wir brauchen nicht zu fordern, wir brauchen keine Bedingungen zu stellen, wir können unsere vorgefassten Erwartungen durch vertrauensvolle Hoffnung ersetzen. Wer den Vater aller Dinge um Hilfe bittet, dem wird er seine Hilfe gewiss nicht verweigern.

Wie wir Beten lernen können

Was das Gebet alles bewirken kann, erfährt, wer aufrichtig betet. Beten aber ist etwas, das sich lernen lässt. Wenn Sie sich zum Gebet anleiten lassen und sich darin üben, werden Sie das Beten lernen, werden seine wunderbare Kraft erfahren und es sich zur guten Gewohnheit werden lassen. Wenn Sie sich im Gebet Gott öffnen, werden Sie erfahren, dass der Druck des Alltags, die Last der Sorge, die Schmerzen eines Leidens von Ihnen abfallen. Ihre Seele kann tief durchatmen und neue Kraft schöpfen. Selbst wenn Ihr Glaube noch schwach oder durch widrige Lebensumstände verkümmert ist und wenn Ihrem Gebet zunächst noch die Tiefe der Empfindung fehlt, können Sie sicher sein, dass Gott Sie dennoch erhören wird.

Was das Beten erleichtert

Wenn es Ihnen dennoch schwer fällt zu beten, erhalten Sie im Folgenden Anregungen, die Ihnen helfen, es sich leichter zu machen.

Das Allererste ist, dass Sie Gott um seine Hilfe für Ihr Gebet bitten. »Herr, hilf mir beten« – dies sollten die ersten Gedanken sein, wenn Sie im Beten »ungeübt« sind. So paradox das auch klingt: Das Gebet kann helfen zu beten. Wenn Sie nicht aus tiefstem Herzen beten können, aber den aufrichtigen Wunsch haben, es zu können, wird Gott auch diese Bitte erhören und Ihnen helfen. Wichtig ist vor allem der aufrichtige, aus dem Herzen kommende Wunsch. Ein paar sehr einfache »Regeln« erleichtern das Beten.

Eine große Hilfe ist es, sich feste Zeiten für das Beten zu setzen. Wenn Sie eine Zeit lang jeden Morgen und jeden Abend gebetet haben, werden Sie es sich nach einer Weile zur Gewohnheit gemacht haben und – wie es bei den meisten Gewohnheiten der Fall ist – nicht mehr leicht darauf verzichten können.

Sinnvoll ist es auch, das Gebet zu einer besonders feierlichen Handlung zu machen. Um das zu erreichen, können Sie beispielsweise zum Gebet eine Kerze anzünden, sich davor körperlich reinigen oder eine Musik hören, die Sie berührt.

Die richtige Gebetshaltung

Es kann auch helfen, eine besondere Haltung zum Gebet einzunehmen, die im Lauf der Zeit dazu führt, dass sich die geistige Haltung des Gebets mit der körperlichen Haltung verbindet – dann wird es Ihnen allein durch das Einnehmen Ihrer Gebetshaltung leichter fallen, die geistige Gebetshaltung zu finden. Eine solche Haltung drückt sinnvollerweise Ihren Respekt vor Gott und Ihre Hingabe aus. Sie können beispielsweise knien, sich im Schneider- oder Fersensitz mit geradem, aufrechtem Rücken hinsetzen, sich auf den Bauch legen oder mit erhobenen Händen stehen. Gott wird Sie natürlich auch erhören, wenn Sie es sich in einem

Sessel gemütlich machen, bequem auf einem Stuhl sitzen oder im Bett liegen – Ihnen wird das Beten jedoch leichter fallen, wenn Ihre körperliche Haltung Ihre seelische Haltung ausdrückt.

Seelische Kraft durch Händefalten

Zur körperlichen Haltung gehört es auch, die Hände zu falten. Das Händefalten ist mehr als eine beliebige Handlung. Das Falten der Hände hat schon für sich genommen eine Wirkung, die vielen jedoch kaum bewusst ist, da es zum erzwungenen Ritual verkümmert ist. Es fällt auf, dass das Falten der Hände in vielen Kulturen, nicht nur in der christlichen Welt, gebräuchlich ist, wenn es darum geht, eine höhere Kraft anzurufen.

Die Inder und Chinesen, die sich besonders intensiv mit den Zusammenhängen von Körper und Seele befasst haben, sagen, dass durch das Falten der Hände ein besonderer Energiekreislauf geschlossen wird, der unsere seelischen Kräfte verstärkt. Und das können Sie tatsächlich leicht an sich selbst erfahren, wenn Sie es einfach ausprobieren: Dabei spielt es gar keine große Rolle, wie Sie die Hände falten. Sie können die Handflächen und die Finger gegeneinander legen, Sie können die Finger ineinander verschränken oder den Handrücken der einen Hand in die Handfläche der anderen legen. Meiner Erfahrung nach eignen sich die verschiedenen Formen des Händefaltens für unterschiedliche Anlässe:

Beim Aneinanderlegen der Hände weisen alle Finger nach oben, in die Richtung, die Gott symbolisiert. Diese Haltung ist besonders geeignet für demütige Gebete, für innige Dankgebete und Fürbitten. Der Blick sollte dabei ebenfalls nach oben gerichtet sein – die ganze Seele orientiert sich nach »oben«.

Die ineinander verschränkten Finger bilden eine Art geschützten Raum. Diese Form des Händefaltens symbolisiert die Wendung nach innen, das Sich-Besinnen, das Sprechen zu Gott in uns und das Lauschen auf seine Antwort Der Blick ist auf die betenden Hände gerichtet, oder die Augen sind geschlossen – die ganze Aufmerksamkeit ist nach innen gerichtet.

Die Gebetshaltung, bei der die Hände wie Schalen ineinander liegen, ist in den westlichen Religionen weniger gebräuchlich – doch auch diese Haltung hat ihre besondere Bedeutung. Am besten können Sie diese Form des Händefaltens im Sitzen einnehmen. Die eine Hand liegt dabei im Schoß, die andere Hand ruht in ihr. Dabei berühren sich die Daumenkuppen. Diese Haltung symbolisiert das Getragensein von Gott, die Offenheit, anzunehmen und zu geben, und die Geduld zu warten, was Gott uns sendet. Der Blick ist in die Weite gerichtet – die Seele öffnet sich für Gottes Weisung.

Liebevolle Hingabe

Vertrauen, Liebe und Geduld sind die Voraussetzungen für das Beten. Kultivieren Sie diese Kräfte in sich, und es wird Ihnen ein Leichtes sein, die Kraft des Gebetes zu erfahren. Denken Sie daran: Beten ist kein Sport – nicht der »Erfolg« zählt, sondern die liebevolle Hingabe, die ihren Lohn schon in sich trägt.

GEBET ZUM BETENLERNEN

Bitte zeige mir, was Beten heißt.
Bitte hilf mir beten,
Bitte bleib bei mir,
Bitte zeige mir den Weg zum
    hoffenden Gebet.
Jesus, Deine Jünger kamen einst zu
    Dir und baten:
»Herr, lehre uns zu beten.«
Lass mich so wie die Jünger sein:
»Herr, lehre mich zu beten.«
Herr, hilf mir einzusehen,

dass ohne das Gebet
mein Innerstes an Halt verliert,
denn im Gebet bin ich Dir nah.
Ich bitte Dich: um Kraft, Geduld und
    festen Mut.
Ich bitte Dich: um Wahrheit und um
    Liebe.
Ich bitte Dich: bei mir zu sein,
im Alltag und Gebet.

Amen.

In allen Nöten
gibt es kein besseres und sichereres Mittel
als das Gebet.

Johannes vom Kreuz (1542–1591)

Gesundheit und Gebet

> *Gott erfüllt nicht alle unsere Wünsche,*
> *aber alle seine Verheißungen.*
>
> DIETRICH BONHOEFFER
> (1906–1945)

In diesem Buch möchte ich Ihnen vor allen Dingen Anleitungen zum Gebet in schwierigen Lebenslagen geben. Dabei werde ich Ihnen auch Vorschläge für persönliche Gebete machen, die Ihnen dabei helfen können, Lebenskrisen mit Gottes Beistand zu bewältigen. Es wird in der Hauptsache um Gebete gehen, mit denen Sie sich in schweren Zeiten an Gott wenden können, insbesondere bei körperlichen Leiden und seelischen Nöten.

Erfahrungsgemäß sind solche Zeiten ein Anlass, sich auf den Glauben und auf das Gebet zurückzubesinnen und Gott wieder für sich zu entdecken. Natürlich wird es leichter fallen zu beten, wenn Sie es bereits gewohnt sind, Gott um Hilfe zu bitten, und wenn Sie es gelernt haben, auf Gottes Antwort zu hören. Doch auch wenn Sie im Beten ein »Anfänger« sind: Sie können die Gewissheit haben, dass Gott Ihre Gebete hört, Ihnen antwortet und Sie leitet. In Notzeiten wird das Herz offener für Gottes Wort.

Können Gebete uns heilen?

Vielleicht fragen Sie sich, wie Gott Ihnen helfen kann. Wir können natürlich niemals genau wissen, wie Gott uns helfen wird. Seine Weisheit ist größer als menschliches Wissen und menschliche Weisheit. Doch wir können die Gewissheit haben, dass Gott uns beisteht, wenn wir ihn um Hilfe bitten.

Manchmal wird Gott uns auf eine Art und Weise helfen, die ganz direkt unseren Erwartungen entspricht. Wir beten zu Gott, und er hilft. Viele Menschen haben dieses direkte Wirken Gottes an sich erfahren, als sie in schwerer Krankheit zu Gott beteten und entgegen allem ärztlichen Sachverstand plötzlich und unvermutet geheilt wurden. Keine Krankheit ist so schwer, dass Gott sie nicht heilen könnte! Doch wollen wir nicht aus dem Auge verlieren, dass Gott besser weiß als wir selbst, was das Beste für uns ist.

Gesundheit der Seele

So hilft Gott vielleicht auch, indem er uns Einsicht in die Ursachen und Bedeutungen unserer Leiden verschafft und uns damit anleitet, unser Leben grundlegend zu verändern. Denn was ist gewonnen, wenn der Körper gesundet, aber die Seele krank bleibt?

Schließlich sollten wir nicht den Fehler begehen, Gott zu »erpressen«: Entweder Du heilst mich sofort, oder ich glaube

nicht an Dich. Wir sollten nicht hochmütig werden und behaupten zu wissen,
wie Gott beschließt, uns beizustehen.
Gott hilft uns beispielsweise, indem er
uns zu einem guten und verständnisvol-
len Arzt führt, der als Werkzeug Gottes
dazu beiträgt, uns von unseren Leiden zu
befreien. Es ist anmaßend, darauf zu
bestehen, dass Gott an uns spektakuläre
Wunderheilungen bewirken muss! Auf
die Hilfe Gottes zu vertrauen bedeutet
keinesfalls, ärztliche oder psychologische
Hilfe abzulehnen. Vielleicht hat Gott ent-
schieden, uns auf diese Weise zu helfen!
Wenn wir aufrichtig beten, unser Herz
Gott und seiner allumfassenden Liebe
und Weisheit öffnen, wenn wir auf Gottes
Antwort hören, ohne an unseren vorgefassten Meinungen und Erwartungen
festzuhalten, dann werden wir seine Hilfe
erfahren.

Anleitung zu diesem Buch

Damit Sie mit den Gebeten und den Tex-
ten ab Seite 29 möglichst gut umgehen
können, möchte ich Ihnen hier kurz
beschreiben, was Sie in den einzelnen
Abschnitten dieses Buchs erwartet.
Die einzelnen Kapitel beginnen zumeist
mit einem Gebet, das sich auf das in dem
Kapitel angesprochene körperliche oder
seelische Leiden bezieht. Danach werde
ich Ihnen einige meiner Gedanken über
die möglichen seelischen Wurzeln und
Bedeutungen des Krankheitsbildes mit-

teilen, die Ihnen hoffentlich wertvolle Anregungen geben, wie Sie mit Ihrem Leiden besser umgehen und es mit Gottes
Hilfe überwinden können.
Anschließend werde ich Ihnen noch
Kraftgedanken – eine Form von Kurzge-
beten – vorschlagen und Ihnen im einen
oder anderen Fall eine Anleitung geben,
wie Sie Gott mit Bildern, also mit einem
Bildgebet, anstatt mit Worten, um Hilfe
bitten können.

Die eigenen Worte finden
Ein wichtiger Hinweis: Das Gebet, das
sich auf eine bestimmte Problematik
bezieht, ist ein Formulierungsvorschlag,
der die vermuteten Wurzeln und Bedeutungen eines Leidens berücksichtigt. Die
Gebete habe ich wohl überlegt niederge-
schrieben – doch natürlich können und
sollten Sie die Worte verändern, wenn Sie
sich und Ihr Anliegen an Gott in dem
Gebet nicht wiederfinden! Ich möchte
Ihnen dennoch raten, mit dem vorge-
schlagenen Gebet zu beginnen, denn es
ist durchaus möglich, dass Sie gerade
dann durch das Gebet neue Einsichten
gewinnen. Versuchen Sie, den Sinn des
Gebetes ganz in sich aufzunehmen und
zu verstehen. Nach jedem Gebet sollten
Sie ein paar eigene Worte des Dankes an
Gott sprechen.
Die Kurzgebete oder Kraftgedanken sind
einprägsame Sätze, über die Sie nicht
nachzudenken brauchen, sondern die Sie
ganz einfach monoton wiederholen – am

besten etwa 20-mal. Bemühen Sie sich dabei nicht um Verständnis, Ausdruck oder Konzentration. Sprechen Sie das Kurzgebet eintönig, kindlich und ohne die geringste Anstrengung. Sprechen Sie das Gebet so laut, dass Sie sich gerade noch selbst hören können – dann dringt das Gebet in Ihre Seele vor und entfaltet dort seine Wirkung.

Sie können es sich einfacher machen, wenn Sie in eine Schnur zwanzig Knoten im Abstand von je einem Zentimeter knüpfen oder eine kleine Perlenkette zur Hand nehmen – wie das beim traditionellen Rosenkranzgebet der Fall ist, zu dem auch das auf der gegenüber liegenden Seite stehende Ave Maria gehört.

Beim Sprechen der Kurzgebete können Sie auf diese Art und Weise die Zahl der Wiederholungen einhalten, ohne mitzählen zu müssen.

Bildgebete

Bei den Bildgebeten werden Sie sich Ihrer Vorstellungskraft bedienen – beispielsweise werden Sie eine imaginäre »Reise« durch Ihren Körper machen und dabei Gott durch das Hervorrufen von inneren Bildern um Hilfe und Rat bitten.

Sie werden feststellen, wie sehr Ihnen auch diese ungewohntere Form des Gebets helfen kann. Wenn ich Ihnen in den »Bildgebeten« bestimmte Bilder vorschlage, versuchen Sie, diese mit Ihren »inneren Augen«, also mit Hilfe Ihrer Vorstellungskraft, zu sehen. Wenn Ihnen das nicht auf Anhieb gelingt, dann üben Sie geduldig weiter. Wenn Sie spüren, dass ein von mir vorgeschlagenes Bild nicht zu Ihnen und Ihrem Anliegen passt, können Sie selbstverständlich auch bei dieser Form des Betens Ihre eigene Form finden.

Achtung: Schmerzen, die nach dem »Bildgebet« verschwinden, dann aber früher oder später wieder auftreten, wollen Sie auf ein körperliches Problem aufmerksam machen. Ignorieren Sie diese Warnung nicht, sondern suchen Sie einen Arzt auf. Auch ärztliche Hilfe ist Gottes Hilfe!

Ave Maria

Gegrüßet seist du,

Maria,

voll der Gnade;

der Herr sei mit dir.

Du bist gebenedeit unter den Frauen

und gebenedeit ist die Frucht deines Leibes,

Jesus.

Heilige Maria,

Mutter Gottes,

bitte für uns Sünder,

jetzt und in der Stunde unseres Todes.

Amen.

Bittet, und es wird euch gegeben werden;
sucht, und ihr werdet finden;
klopft an, und es wird euch aufgetan.

Lk 11:5

Gebete bei Krankheit

Kommet alle zu mir, die ihr euch plagt
und schwere Lasten zu tragen habt.
Ich werde euch Ruhe verschaffen.

MT 11:28

Wenn Sie an einer Krankheit leiden, dann haben Sie vielleicht schon daran gedacht, Gott um Hilfe zu bitten – doch Sie wussten möglicherweise nicht so recht, wie Sie es anfangen sollten. Wenn das so ist, werden Sie bald Hilfe erfahren, denn Sie haben schon den wichtigsten Schritt getan: Sie haben in Ihrem Herzen den Wunsch, sich an Gott zu wenden.

Bei den Schwierigkeiten, die Sie dabei haben, die rechten Worte zu finden und auf Gottes Antwort zu lauschen, werde ich Ihnen in diesem Kapitel mit Anregungen beistehen, und Sie werden Ihre anfänglichen Probleme sicherlich rasch überwinden.

Die Ursachen der Krankheit verstehen

Manchen Menschen kann es aber ganz anders ergehen. Sie sind schwer krank geworden und fragen sich nun: »Warum ausgerechnet ich? Warum hat mir Gott das angetan?« Ihre Krankheit hat ihnen solche Qualen gebracht, dass sie es verlernt haben zu beten.

Wenn dies auf Sie zutrifft, dann ist für Sie das Verstehen der Krankheit besonders wichtig. Daher habe ich versucht aufzuzeigen, wo denn im Einzelnen die seelischen Ursachen für eine Krankheit liegen können und was Ihnen die Krankheitssymptome sagen wollen.

Auch wenn Sie das Beten verlernt haben und Gott wegen Ihrer schweren Krankheit anklagen oder sich vielleicht sogar von ihm abzuwenden beginnen – das Gebet wird Ihnen helfen, denn Gott ist in Ihrem Herzen, sonst wären Sie gar nicht auf den Gedanken gekommen, zu diesem Buch zu greifen!

Gott ist bei Ihnen und wird Ihnen beistehen, wenn Sie sich ihm öffnen, ihn vertrauensvoll um Hilfe bitten und bereit sind, auf seine Antwort zu hören.

Zweifel und Ängste besiegen

Sogar Jesus selbst spürte in seiner höchsten Not die große Angst, die Zweifeln Nahrung gibt, wie Matthäus überliefert: *Um die neunte Stunde rief Jesus laut: »Mein Gott, mein Gott, warum hast Du mich verlassen?«* (Mt 27:46)

Es besteht also kein Grund, dass Sie sich Ihrer Gefühle schämen, wenn Sie leiden. Es ist nur wichtig, dass Sie ihnen nicht nachgeben und Gott aus Ihrem Herzen verbannen. Denn es ist nicht so, wie manche glauben, dass Gott uns Krankheiten und Nöte schickt. Gott ist gütig. Er ist unser Vater und Helfer in der Not. Krankheiten können zwar die Folge von Verfehlungen und Handlungen gegen Gottes Willen sein – doch sie sind nicht als Strafen zu sehen, die uns Gott schickt! Nein, Verfehlungen und Nachlässigkeiten tragen ihre Konsequenzen bereits in sich. Gott schickt uns kein Leiden, wir sorgen allein selbst dafür! Ganz im Gegenteil: Gott hilft uns, trotz Verfehlungen und Nachlässigkeiten. Wir müssen ihn nur helfen lassen. Denn er hat uns unsere Freiheit gegeben, damit wir selbst Verantwortung für unser Handeln tragen. Und wenn wir uns an Gott wenden, wird er uns mit Sicherheit helfen.

HABT GLAUBEN AN GOTT!

Wahrlich, ich sage euch:
Wer zu diesem Berg sagen wird: Hebe
dich empor und wirf dich ins Meer!
und nicht zweifeln wird in seinem Herzen,
sondern glauben, dass geschieht, was er
sagt, dem wird es werden.
Darum sage ich euch: Alles, um was ihr
auch betet und bittet, glaubt, dass ihr es
empfangen habt, und es wird euch
werden. Und wenn ihr steht und betet,
so vergebt, wenn ihr etwas gegen jemand
habt, damit auch euer Vater, der in den
Himmeln ist, euch eure
Übertretungen vergebe.
Mk 11:20

Wenn wir Schmerzen haben

Schmerzen sind Warnsignale. Unser Körper sagt: Halt! Pass auf – was du da tust, ist nicht gut! Gott hat unseren Körper so wunderbar einge-richtet, dass er eigentlich alles weiß, was ihm gut tut und was nicht. Man könnte beinahe sagen, dass Gott über unseren Körper zu uns spricht. Wir sollten auf ihn hören!

HEILE MEINE SCHULD

Mich plagen Schmerzen, Gott,
ich weiß, auch Du erlittest Schmerzen,
größer wohl als meine.
Doch größer bist auch Du
in Deiner Güte und Vergebung.
Wenn ich in Deinen Augen schuldig bin,
so weiß ich doch, Du wirst verzeihn.
Heile meine Schuld,
wenn ich mir selbst nicht mehr vergeben kann.
Ich weiß doch: Nur Du, Gott, bist der Weg,
Du kannst verzeihn,
damit ich selbst verzeihe.
Du kannst mich lehren,
die Vergangenheit zu lassen
und nun die Zukunft freudig zu umfassen.
Du, Gott, gibst mir meine Freiheit wieder,
Du, Gott, bist mir Liebe, bist mir Halt.
Du heilst meine Schuld.
Und jeder Schmerz wird Licht und Freude
unter Deiner warmen Hand.
Amen.

Wenn wir unter Schmerzen leiden und diese nicht überwinden können, dann zeigt das auch, dass wir nicht auf Gottes Wort hören. Meist wollen wir einfach nicht hören. Und das hat seine Gründe. Eine der wichtigsten Wurzeln von Schmerzen ist das Gefühl der Schuld. Es ist so, als suchte der Schmerzleidende nach einer Strafe für das, was er sich selbst vorwirft. In ihm schwelt eine Wut auf sich selbst und oft auch auf andere.

Seine Schuldgefühle lassen nicht zu, dass er sich Gottes Stimme öffnet und sich von den Schmerzen löst. Denn wenn er weil die wirklichen Beweggründe, sich Gottes Stimme nicht voll und ganz zu öffnen, unbewusst bleiben, gehen viele Menschen nicht auf sie ein.

Wichtig ist es daher für Menschen, die an starken Schmerzen leiden, wieder zu Gott zurückzufinden. Sie müssen ihm das Vertrauen schenken, das er verdient: Gott kann jeden Schmerz heilen! Und Gott wird immer verzeihen.

Wenn uns aber Gott verzeiht, ist es da nicht hochmütig, an Schuldgefühlen und Strafe festzuhalten?

Schuldgefühle sind manchmal schwer zu überwinden. Ein Vater, vor dessen Augen

---

KRAFTGEDANKE

Gott und das Leben unterstützen mich.
Ich liebe und werde von Gott geliebt.
Ich liebe und akzeptiere mich, wie Gott mich liebt und akzeptiert.
Ich bin sicher bei Gott und blicke mit Liebe in die Welt.
Herr, vergib mir meine Schuld, auch ich werde mir verzeihen.

---

keine Schmerzen mehr hätte, hätte er das Gefühl, für seine Schuld nicht zu büßen – und das wäre vielleicht schlimmer für ihn als der körperliche Schmerz.

Schuldgefühle besiegen

Natürlich laufen diese »Überlegungen« nicht auf bewusster Ebene ab, sondern verbergen sich hinter den Gedanken, die sagen: Der Schmerz ist einfach eine körperliche Erscheinung, die mit einer Krankheit zusammenhängt. Und gerade der Sohn bei einer Bergtour abstürzte, wird sich vielleicht schuldig fühlen, wenn er das Leben seines Kindes hätte retten können. Ein Autofahrer, der leichtsinnig gefahren ist und dabei einen anderen Menschen schwer verletzte, kann ebenfalls große Schuldgefühle entwickeln.

Natürlich: Wenn ein Mensch Schuld auf sich geladen hat, ist es richtig und gut, wenn er seine Schuld empfindet und seine Fehler bereut. Ein wirklich böser Mensch empfindet ja gar keine Schuld.

Schuldgefühle sind also auch ein Zeichen dafür, dass der Betreffende im Grunde noch weiß, was richtig und was falsch ist. Doch Strafe oder gar die (wenn auch unbewusste) Selbstbestrafung durch Schmerzen ist nicht der richtige Weg. Durch Strafe wird nichts besser. Sich Schuldgefühle aufzuladen ist nur eine andere Form der Eigensucht.

Gott ist so voller Güte, dass er alles vergeben kann – und deshalb kann er wohl erwarten, dass wir uns auch selbst vergeben, den Schmerz und die Vergangenheit loslassen, uns annehmen und Freiheit gewinnen, Sinnvolles und Positives zu tun.

Was Schmerz bedeuten kann

Während Schmerzen ganz allgemein auf Schuldgefühle hinweisen, hat jede Art von körperlichem Schmerz auch seine ganz eigene Bedeutung.

Viele Menschen leiden heutzutage an *Rückenschmerzen*. Das liegt sicher zum Teil an dem verbreiteten Bewegungsmangel – aber es leiden ja nicht alle Menschen, die sich wenig bewegen, an Rückenschmerzen! Unsere Seele will uns durch die Schmerzen an der wichtigsten Stütze unseres Körpers darauf aufmerksam machen, dass wir an Vertrauen verloren haben und uns vom Leben im Stich gelassen fühlen. Dann ist es notwendig, dass wir wieder zu Vertrauen und Freude finden, dass wir uns Gott annähern. Und wie ist das besser möglich als im Gebet?

Chronische Schmerzen, also Schmerzen, die immer wieder auftreten, weisen meist auf eine große Sehnsucht nach Liebe und Halt hin. Wenn wir diese Liebe und diesen Halt in Gott finden, wird die Sehnsucht erfüllt, und unsere Seele wird uns nicht mehr mit Schmerzen auf unseren Mangel hinweisen müssen.

Mit *Kopfschmerzen* zeigt uns unsere Seele auch, dass wir übertriebene Selbstkritik betreiben. Es ist wohl gut, sich selbst kritisch zu sehen – aber die Kritik und der Zweifel an sich selbst sollten nicht zum grundlegenden Lebensgefühl werden! Gott nimmt uns an, also sollten wir uns ebenfalls selbst annehmen. Gottes Liebe kann jeden Schmerz besiegen!

Bildgebet

Schließen Sie die Augen, und stellen Sie sich vor, wie Sie Ihre Schmerzen dort »sehen«, wo Sie sie spüren. Sie können die »Form« des Schmerzes sehen, die »Farbe«, die »Härte«, die Wärme oder Kälte... Überlegen Sie nicht, wie Sie einem Arzt den Schmerz beschreiben würden, sondern versuchen Sie, sich ein inneres Bild des Schmerzes zu machen.

Wenn Sie ein Bild vor Ihrem inneren Auge haben, von dem Sie fühlen: Ja, das ist mein Schmerz, dann richten Sie Ihre Gefühle auf Gott.

Stellen Sie sich vor, wie Gott die Farbe, die Form, die Gestalt usw. des Schmerzes verändert. Sie können direkt sehen, wie sich die Eigenschaften des Schmerzes verändern.

Und dann werden Sie ganz plötzlich spüren, wie der Schmerz stark nachlässt oder sogar vollkommen verschwindet.

Auch wenn Sie zweifeln:
Gott wird Ihnen zweifelsfrei helfen!

Wenn das Atmen schwer fällt

Atem ist das Leben selbst. Gott erschuf den Menschen, indem er der unbelebten Materie mit dem Atem seinen Geist einblies. Der Atmen ist lebenswichtig. Wenn wir aufhören zu atmen, sterben wir.
Probleme, die mit der Atmung zusammenhängen, belasten uns deshalb meist besonders stark, weil sie uns in unserem Sein bedrohen.

ALLES LEBEN KOMMT AUS DIR

Alles Lebende ist wundervoll,
alles Leben kommt aus Dir.
Ich will das Leben in mich nehmen,
denn dann bist Du bei mir.

Zu atmen fällt mir schwer,
und oft ist es nicht leicht,
so einfach anzunehmen,
mich nicht zurückzunehmen
und einfach nur zu vertraun.

Dich bitte ich, mein Gott,
mich anzuleiten,
mich zu öffnen,
einfach anzunehmen.

Du machst mich leicht und frei.
Du gibst mir meinen Atem.
Du nimmst mich an.
Ich danke Dir.

Amen.

Atemprobleme sind nicht nur Probleme, die wir irgendwie entfernen müssen, mit Medizin oder Operationen. Die Symptome sollten wir uns genau ansehen, denn sie sind ein Signal unserer Seele. Ein Signal, das uns zeigt, wo wir etwas Sinnvolles in unserem Leben verändern können.

Sehen wir uns doch einmal an, was Atmen eigentlich heißt. Das freie Atmen bedeutet freies, ungezwungenes Annehmen des Lebendigen.

Atmen ist Austausch mit der Umwelt. Atmen ist das völlige Vertrauen in das Leben. Unsere Seele will uns also mit

meine Mitmenschen, auf Gott zugehen? Wenn wir diese Fragen aufrichtig beantworten, haben wir bereits viel für die Erlösung von der Krankheit, aber vor allem auch für unser zukünftiges Leben getan. Wenn wir danach trachten, auf Gottes Stimme zu hören, und Gott bitten, uns dabei zu helfen, jeden Tag ein kleines Stückchen besser zu werden, wird unsere Seele uns nicht mehr mit Krankheitssymptomen auf notwendige Veränderungen hinweisen müssen.

Damit uns Gott helfen kann, zu wachsen und zu reifen, müssen wir uns selbst um Einsicht bemühen. Wenn wir verstehen,

---

KRAFTGEDANKE

Ich liebe das Leben, das Gott mir geschenkt hat – es ist sicher und schön.

Ich gelobe, mein Gott, mein Leben frei und vertrauensvoll zu genießen.

Lieber Gott, es ist so gut zu wachsen und zu werden – ich danke Dir.

Ich höre auf Dich, ich höre auf mich, ich höre mit Liebe in die Welt.

Gott, mach mich frei von Streitsucht, brich mein Schweigen.

Atemproblemen darauf hinweisen, dass es uns an der Fähigkeit mangelt, das Leben ganz anzunehmen, dass wir uns um eine bessere Kommunikation mit unserer Umwelt kümmern und zu mehr Vertrauen finden sollten.

Wenn wir Schwierigkeiten mit der Atmung haben, sollten wir uns fragen: Wo verschließe ich mich dem Lebendigen? Wo verschließe ich mich Gott? Warum tue ich das? Wie könnte ich liebevoller und mit mehr Vertrauen auf die Welt, auf

worauf unsere Seele uns mit Atemproblemen hinweisen will, und uns darum bemühen, diesen Hinweisen zu folgen – dann können wir Gott im Gebet um Hilfe bitten. Und er wird sie uns gewähren!

Wenn wir keine Luft bekommen

Wer Schwierigkeiten mit den Atmungsorganen hat, hat also im Grunde Schwierigkeiten, das Lebendige anzunehmen.

Was aber bedeutet das? Nun, das Lebendige annehmen heißt, Veränderungen zuzulassen, Gefühle zu zeigen und zu verstehen, Neues, Frisches zu akzeptieren und Altes, Unnötiges loslassen zu können und dabei das Wertvolle zu bewahren. Das gelingt dann nicht gut, wenn wir an Vergangenem haften, wenn wir unsere Gefühle stets für uns behalten und uns dadurch einengen, dass wir uns für Gefühle anderer wenig interessieren, aber auch dadurch, dass wenn wir mit einem Zuviel an Gefühlen andere ersticken oder uns von Gefühlen anderer ersticken lassen. Probleme mit dem Atmen können uns darauf hinweisen, dass wir an unserer Fähigkeit, mit Konflikten umzugehen, arbeiten sollten, uns der Vielfalt des Lebens öffnen sollten und Vertrauen in das Kommende und Loslassen des Vergangenen üben sollten.

Im Gebet wird uns Gott auf den richtigen Weg leiten. Den Weg betreten müssen wir aber erst einmal selbst, indem wir zum Gebet finden.

Mögliche Bedeutung

Die verschiedenen Krankheitssymptome haben unterschiedliche Bedeutungen:

Mit *Asthma* zeigt uns die Seele meist, dass wir Probleme mit einer sozusagen »erstickenden« Liebe haben – wir versuchen zu viel aufzunehmen und geben gleichzeitig zu wenig zurück. Auch der umgekehrte Fall ist möglich.

Bronchitis ist oft eine Botschaft der Seele, die sagen will: Lerne mit Konflikten richtig umzugehen! Weder ständiger Streit noch Schweigen ist sinnvoll!

Eine *Lungenentzündung* ist meist ein Zeichen dafür, dass eine tiefe Verletzung der Gefühle besteht, eine tiefe Trauer und Verzweiflung. Im Gebet können Kranke durch Gott wieder zur Freude, zur Liebe und zur Heilung gelangen.

Um welches Problem mit der Atmung es sich auch handelt: Wichtig ist für die Betroffenen, mit Hilfe Gottes das Leben wieder ganz annehmen und in der Aussprache mit Gott wieder zu einer guten Kommunikation finden zu können.

Schließen Sie die Augen, und achten Sie auf Ihren Atem –
tun Sie nichts, um ihn zu verändern, beobachten Sie nur.
Dann beginnen Sie damit, sich zu vergegenwärtigen, dass
Gott selbst in der heilenden Luft ist.

Verfolgen Sie beim Einatmen, wie die Luft mit heilender
göttlicher Kraft in Sie einströmt. Beim Ausatmen bleiben Sie mit
Ihrer Aufmerksamkeit dort, wo Sie gerade angekommen sind,
und spüren, wie Gottes Kraft in Ihnen wirkt.

Zunächst beobachten Sie nur, wie die Luft in Ihre rechte Lunge
fließt: durch das rechte Nasenloch (oder wenn das nicht geht,
die rechte Seite des Mundes), die rechte Seite der Luftröhre,
die rechten Bronchien und hinab in die rechte Lunge. Dort
verteilt sich die Luft und die göttliche Kraft und dringt bis in die
kleinsten Lungenbläschen vor.

Nachdem Sie einige Male den Atem mit der heilenden göttlichen Energie bis in Ihre rechte Lunge verfolgt haben, unter-
brechen Sie Ihre Konzentration und atmen ganz normal weiter.
Sie werden bemerken, dass sich schon jetzt Ihre rechte
Lungenseite ganz anders anfühlt als die linke: heiler, weiter,
freier, besser. Ist es nicht wunderbar zu spüren, wie Gott heilt?

Natürlich machen Sie dasselbe auch mit der linken Lungenseite.

Wenn die Haut Probleme macht

Die Haut ist mehr als nur eine Hülle um unseren Körper. Sie ist die materielle Grenze zwischen uns und der Welt. Wenn Probleme mit der Haut auftauchen, ist dies meist ein Signal unserer Seele, die uns mit diesem Symptom zeigen will, dass wir an dem Verhältnis zwischen uns und unserer Umwelt arbeiten sollten.

ZEIG MIR, WER ICH BIN
Manchmal kenne ich die Grenzen nicht,
die meinen und die meiner Brüder.
Die Dinge gehn mir unter meine Haut,
dort wo ich am empfindlichsten bin.
Herr, hilf mir doch, mich selbst zu sehn,
so wie ich wirklich bin.
Hilf mir, die andern zu verstehn,
so wie sie wirklich sind.
Ich bitte Dich um Hilfe,
meine Furcht zu überwinden,
die so tief in mir steckt.

Ich weiß, ich kann Dir ganz vertrauen,
vergeben, so wie Du vergibst,
das Leben lieben, weil es Dein Geschenk.
Ich werde keine Grenzen setzen
ohne Deinen Rat.
Ich werde keine Grenzen lösen
ohne Deinen Rat.
Denn ich weiß, ich bin ein Teil von dem,
was Du geschaffen
und dem Du Deine Liebe überreichlich gibst.

Amen.

Probleme mit der Haut entstehen oft, wenn wir uns zu stark gegenüber unseren Mitmenschen abgrenzen, niemanden an uns heranlassen und uns der Umwelt verschließen. Ebenso kann es aber auch sein, dass wir zu wenig Grenzen setzen und uns dadurch alles »unter die Haut gehen« lassen, wenn wir nie »Nein« sagen können und nicht mehr klar ist, wo wir selbst aufhören und wo die anderen beginnen. Die Aufgabe, die uns unsere Seele mit Haut-

flikt zwischen dem Ich und den anderen konfrontiert. Indem sie ständig auf der Hut sind, ihre Grenzen zu schützen, bauen sie immer stärkere Abwehrmaßnahmen auf, bis schließlich nichts mehr an sie herankommt.

Unsere Seele versucht uns auf dieses Problem aufmerksam zu machen, indem sie die Abgrenzung nach außen durch offen sichtbare Abwehr, also als Pickel, Furunkel oder andere Hauterscheinungen, deutlich macht.

KRAFTGEDANKE

Ich grenze mich nicht aus, ich bin ich, geborgen in Gott.

Ich vergebe Vergangenes, wie Du, Gott, vergibst, und finde Frieden.

Ich liebe und akzeptiere mich, wie mich Gott liebt, und vertraue dem Leben.

Ich bin ein Teil der Schöpfung – und bin doch ich selbst vor Gott.

Ich bin offen für Freude – Gott schenkt mir Freude.

---

problemen stellt, ist also zunächst einmal, Grenzen setzen, Grenzen beachten zu lernen und das rechte Verhältnis zwischen innen und außen zu finden. Es geht darum, dass wir lernen, unser Ich angemessen wahrzunehmen – es weder zu eng noch zu weit zu fassen.

Menschen, die ihre Grenzen zu eng setzen, fühlen sich schnell angegriffen und schalten sofort auf Abwehr. Sie neigen dazu, sich zu verschließen – und damit verschließen sie sich leider auch der Liebe und letztlich Gottes Stimme. Diese Menschen werden ständig mit dem Kon-

Menschen, die ihre Grenzen auflösen und sich gar nicht mehr gegen die Umwelt abgrenzen, scheinen an einem völlig anderen Problem zu leiden. Wo die einen Grenzen setzen, reißen sie Grenzen nieder. Letztlich jedoch sind sie einander ähnlich: Beide nehmen sich selbst und die Welt nicht in einem angemessenen Verhältnis wahr.

Die grenzenlose Öffnung ist nur auf den ersten Blick positiv. Wo keine Grenzen sind, ist auch nichts, was sich innerhalb der Grenzen befindet. Ohne Ländergrenzen gibt es keine Länder, ohne eine Ich-

Grenze kein Ich – auch kein Ich, das sich auf Gott bezieht oder auf das sich Gott beziehen kann. Die Öffnung aller Grenzen des Selbst ist also keine Öffnung zu Gott. Sowohl das übertriebene Grenzensetzen als auch das übertriebene Grenzenauflösen gründet oft in einem Gefühl der Bedrohung und der Furcht. Es sind nur zwei verschiedene Möglichkeiten der Abwehr: Ich verstärke meine Grenzen, oder ich biete keinen Widerstand, der gebrochen werden könnte.

Beide Arten des Umgangs mit den eigenen Grenzen sind unangemessene Lösungen für das eigentliche Problem. Sie dienen zwar kurzfristig dazu, die Furcht und das unbewusste Gefühl der Bedrohung ein wenig zu verringern, doch um den Preis, dass sich die Seele nicht entfalten kann.

Mögliche Bedeutung

Unsere Seele macht mit Hautproblemen darauf aufmerksam, dass wir einen falschen Weg eingeschlagen haben. Wenn wir das verstehen, ist bereits ein erster Schritt getan. Verstehen allein ist aber noch keine Lösung. Wenn wir jedoch an uns arbeiten, Furcht und das Gefühl des Bedrohtseins mit Gottes Hilfe überwinden können, dann werden auch die körperlichen Symptome vergehen, die ja nur das Signal unserer Seele sind, dass wir uns verändern sollten.

Hautausschläge weisen oft darauf hin, dass der davon Betroffene auf der Suche nach Aufmerksamkeit ist und von Ungeduld gequält wird.

Bei *Akne*, die vor allem Jugendliche betrifft, weist die Seele auf Probleme mit dem eigenen Selbst hin; der Betroffene lehnt sich selbst ab.

Pickel dienen auf seelischer Ebene oft dazu, andere abzuwehren. Der Betroffene sieht unbewusst einen Grund, sich zu verbergen. Gott aber bleibt ohnehin nichts verborgen.

Ekzeme bedeuten starke Gegensätze, innere und äußere Konflikte, die sich an unseren körperlichen und seelischen Grenzen austoben.

Mit *Schwellungen* zeigt uns die Haut, dass wir eigentlich mehr aus uns herausgehen und unsere Gefühle zeigen wollen, es aber nicht wagen.

Wenn wir Schwierigkeiten mit unseren Grenzen haben, weil wir uns auf unterbewusster Ebene fürchten, uns entweder zu sehr zu öffnen oder aber uns zu sehr abzugrenzen, können wir Gott in einem wortlosen Gebet darum bitten, unsere Grenzen zu schützen und in rechter Weise zu öffnen. Dann können wir alle Furcht fahren lassen.

Schließen Sie die Augen, und falten Sie die Hände. Lassen Sie Gott Ihr Bewusstsein ausfüllen, und stellen Sie sich vor, wie Gott als warmes, klares, reinigendes Licht in Ihre Hände fließt.

Wenn Sie spüren, dass Ihre Hände durch Gottes Licht und Kraft warm geworden sind, beginnen Sie damit, über Ihren Körper zu streichen.

Stellen Sie sich vor, dass überall etwas von dem warmen, klaren, reinigenden Licht Gottes auf Ihren Körper übergeht und sich ausbreitet. Schließlich ist dann Ihr gesamter Körper mit einer Hülle aus heilendem Licht umgeben.

Richten Sie nun Ihre Aufmerksamkeit darauf, was geschieht. Sie werden spüren, wie das Licht Sie wärmt, wie es Ihre Haut besänftigt und reinigt.

Sie werden auch feststellen, dass Sie sich freier, beschützter und geborgener fühlen – Ihre Grenzen heilen durch Gottes Licht.

Wenn das Herz sich meldet

Für den Arzt scheint ganz klar zu sein, was das Herz ist: ein Muskel, der sich rhythmisch zusammenzieht und dabei das Blut in die Lunge und durch den Körper pumpt. Für den Mediziner ist das Herz eine biologische Maschine. Für Gott jedoch ist unser Herz weit aus mehr: der Quell aller Liebe.

DU BIST DAS HERZ IN ALLEN DINGEN

Gott, Du bist das Herz in allen Dingen.
Ich bitte Dich, sei Du mein Herz.
Hilf mir, Deinem Wort zu folgen
und mit großer Liebe
in die Welt zu sehn.

Du gabst das Geschenk der Freude:
Hilf mir, es nicht mit Freudlosigkeit zu vergelten.
Du gabst das Geschenk der Liebe:
Hilf mir, es nicht mit Lieblosigkeit zu vergelten.
Du gabst das Geschenk der Besinnung:
Hilf mir, es nicht mit Stress zu vergelten.
Du gabst das Geschenk des Geistes:
Hilf mir, nicht nur nach Geld und Gut zu sehn.

Ich verspreche, mehr Freude zu fühlen.
Ich verspreche, mehr Liebe zu geben.
Ich verspreche, die Besinnlichkeit zu pflegen.
Ich verspreche, mein Herz Dir zu öffnen.

Denn Du bist das Herz in allen Dingen.

Amen.

Tatsächlich erfüllt unser Herz auch diese praktische, lebensnotwendige Aufgabe. Doch es ist natürlich weitaus mehr als nur eine biologische Maschine. Nicht nur die Dichter wissen das. Schon unsere Sprache zeigt, wo die seelischen Eigenschaften des Herzens zu suchen sind. Worte und Redewendungen wie: »Es bricht mir das Herz«, »sich ein Herz fassen«, herzlich oder herzensgut sein usw. sprechen Bände. Das Herz hängt offensichtlich mit unseren Gefühlen zusammen. Ebenso spricht Gott zu uns über unser Herz, wenn wir unser Herz Gott öffnen.

belastenden Gefühlen her, die immer wieder auftauchen und das Herz nicht zur Ruhe kommen lassen. Beschwerden mit dem Herzen haben so gut wie immer auch mit einem Mangel an Freude zu tun; doch das Herz braucht Lachen, braucht Freude. Meist ist dieser Mangel an Freude darauf zurückzuführen, dass sich die Betroffenen keine Ruhe gönnen und ihr Leben ganz auf Arbeit, Hektik und Stress ausgerichtet haben.

Auch unsere Ärzte haben diesen Zusammenhang beobachtet: Herzprobleme treten vor allem bei Menschen auf, die sich voll in ihre Arbeit stürzen, dabei aber

KRAFTGEDANKE

Ich genieße die Ruhe, die Freude, das Leben, denn Gott ist bei mir.

Mein Herz ist warm und voll der Liebe und der Freude.

Gott, sei mein Herz und schenke mir Frieden und Freude.

Ich werde lachen und verzeihen – denn Du, Gott, bist mein Weg.

Ich muss nicht hetzen und mich plagen – Gott gibt mir Sinn und Liebe.

Wenn wir unter Herzproblemen leiden, sollten wir darüber nachdenken, was uns unsere Seele mit den Beschwerden sagen will. Wenn wir das verstanden haben, können wir Gott um Hilfe bei diesen eigentlichen Problemen bitten.

Zuvor ist es erst einmal sinnvoll, Gott um Einsicht zu bitten. Auf einige Einsichten können wir jedoch auch selbst kommen, wenn wir in uns hineinhören. Herzprobleme rühren meist von Problemen mit

eigentlich keine Freude empfinden. In der Regel sagen diese Menschen sogar, dass sie ihren Beruf gern ausüben. Und daran ist auch was Wahres: Sie sind gern in Stress und Hektik, weil sie damit vor ihren tieferen Gefühlen fliehen können

Lernen Sie, Ihre Gefühle zu spüren

Bei den meisten Menschen genügen schon zartere Botschaften der Seele, damit sie sich vom Stress des Alltags etwas zurückziehen. Doch diejenigen, die so auf der Flucht vor ihren Gefühlen sind, dass sie die leisen Signale der Seele nicht hören können, werden schließlich mit deutlicheren Signalen konfrontiert: das Herz, der Sitz der Gefühle, tut ihnen weh oder gerät aus dem Takt.

Es ist wichtig, dass wir lernen, unsere Gefühle deutlich zu spüren und angemessen auszudrücken. Wenn wir das in unserem Alltag nicht können, werden wir es auch Gott gegenüber nicht so leicht können. Und wenn wir Gott gegenüber keiner tiefen Gefühle fähig sind und unser Herz Gott nicht öffnen können, werden wir mit der Zeit seelisch verarmen.

Freudlosigkeit ist letztendlich auch ein Ergebnis des Mangels an Liebe und des Zweifelns am Leben selbst. Dies alles ist aber nicht mit der Flucht vor Gefühlen zu heilen. Ganz im Gegenteil: Die Zuflucht zu Gefühlen, zur Liebe, zu Gott wird uns auch die Lebensfreude wiederbringen und uns den wahren Sinn des Lebens verstehen lehren.

Mögliche Bedeutung

Das deutlichste Signal der Seele, endlich innezuhalten, ist der *Infarkt*. Jetzt wird es höchste Zeit, umzukehren und sich nicht länger wegen Geld und materiellen Gütern Freude und Gefühle zu versagen, sondern sich Gott zuzuwenden.

Bei der *Anämie* (Blutarmut) besteht ein Mangel an Selbstwert, der uns die Freude am Leben raubt. Wir aber haben Wert, denn wir werden von Gott geliebt!

Bluthochdruck weist darauf hin, dass bestimmte emotionale Probleme schon lange Zeit bestehen und dass es nun endlich Zeit wird, umzukehren und zu Gott, zur Liebe und zur Freude zu finden.

Machen Sie sich klar, was Sie wirklich wollen: inneren Frieden, Lebensfreude, Heiterkeit oder Unrast, das Gefühl der eigenen Wichtigkeit, materielle Güter und Stress. Wenn Ihnen auf geistiger Ebene klar ist, dass Sie sich für Frieden, Verzeihen, Liebe und Gott entscheiden wollen, können Sie diese Einsicht durch ein wortloses Gebet in Ihr Herz bringen.

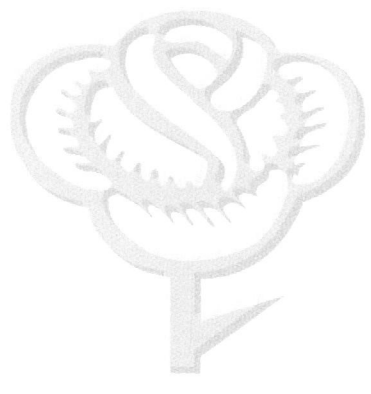

Schließen Sie die Augen, und atmen Sie einige Minuten ruhig und gleichmäßig. Lassen Sie ein wenig Stille in Ihre Gedanken kommen.

Versuchen Sie dann, sich vorzustellen, wie Sie immer mehr von einem friedlichen, grünen Licht eingehüllt werden, dessen Zentrum Ihr Herz ist. Mit jedem Atemzug, mit jedem Herzschlag wird das Licht, das Gottes Frieden ist, kraftvoller und leuchtender und erfüllt Sie mit Ruhe und Heiterkeit, mit Liebe und Verzeihen.

Achten Sie besonders auf das Gefühl der Heiterkeit, das in Ihnen aufsteigt. Lassen Sie es zu, dass sich Ihre Gesichtszüge entspannen und ein Lächeln auf Ihre Lippen kommt. Spüren Sie, wenn Sie dann lächeln, wie die Heiterkeit und die Freude Sie immer mehr erfüllen, Sie befreien und Ihnen inneren Halt geben.

Alle Freude des Herzens kommt aus Gott. Schließen Sie das Gebet mit einem Dank an Gott ab, und spüren Sie, wie Gott Ihnen eine neue Perspektive gibt.

Krebserkrankungen

Krebs – diese Diagnose fürchten die meisten von uns mehr als alles andere. Wir haben Angst vor dem Unbekannten, vor Operationen, Chemotherapie, Schmerzen, davor, dass unser Körper nicht mehr funktioniert, haben Angst vor dem Alleingelassensein. Vor allem aber fürchten wir den Tod.

HILF MIR, MICH SELBST ZU FINDEN

Tief in mir lebt immer noch die Qual,
es brodelt in mir, zehrt mich auf.
Ich bin verletzt und kann nicht heilen.

Hilf mir, Gott, mich selbst zu finden.
Hilf mir, nicht länger zu verdrängen und mich selbst zu täuschen.
Hilf mir, das Alte zu erkennen, zu verstehen, zu verzeihn.

Du, Herr, bist das Licht, das heilt.
Du bist die Liebe, die verzeiht.
Du bist die Wahrheit, die versteht.
Du bist die Kraft, die alles Schlechte überwindet.

Ich bin bereit, zu verstehen, zu vergeben, zu verzeihn.
Ich bin bereit, von Dir geleitet, inspiriert zu sein.
Ich bin bereit, mein Teil Verantwortung zu tragen.
Ich bin bereit, mit ganzem Herzen »Ja« zu Dir zu sagen.

Ich lasse alle Schmerzen los
und halte mich an Dich, mein Gott.
Ich nehme Deine Hand
Du machst mich heil.

Amen.

Über das Sterben und den Tod möchte ich an anderer Stelle sprechen; hier nur so viel: Es gibt keine Krankheit, die Gott nicht heilen kann! Ängste und Befürchtungen sind natürlich trotz allem sehr ernst zu nehmen, wenngleich die moderne Medizin Krebspatienten viel mehr Mut machen kann als noch vor zehn Jahren. Operationen sind nicht mehr so gefährlich, die Chemotherapie nicht mehr so belastend, und die moderne Schmerztherapie kann

Mögliche Bedeutungen

Menschen, die an Krebs erkranken, leiden so gut wie immer unter tief sitzenden seelischen Verletzungen. Manchmal wurden ihnen diese Verletzungen in der Kindheit zugefügt – beispielsweise wenn sie von einem Verwandten, dem sie vertrauten, missbraucht wurden. Aber nicht immer liegen die Verletzungen in der Kindheit. Auch andere schwere Enttäuschungen, die niemals überwunden und verarbeitet wurden, können zu einer

---

KRAFTGEDANKE

Ich vergebe anderen und mir selbst, wie auch Du vergibst, oh Herr.

Ich liebe und akzeptiere mich, denn Gott, ich bin ja Dein Geschöpf.

An Deiner Hand überschreite ich die selbst gesetzten Grenzen.

Du füllst die Welt mit Heil und Freude – mein Gott, Du füllst auch mich.

Es ist gut, ich zu sein – Du, Gott, leitest mich und machst mich ganz.

---

jeden von schweren Schmerzen befreien. Doch selbst wenn die Krebstherapie noch weiter fortschreitet, wenn Computer präzise jedes Krebsgeschwür schmerzlos herausschneiden, wenn die Chemotherapie nicht schlimmer ist als eine Kopfschmerztablette einzunehmen – das wäre natürlich schön und gut, aber keine auch noch so fortgeschrittene Medizin kann dafür sorgen, dass wir die Botschaft unserer Seele verstehen und beherzigen! Und selbstverständlich ist Krebs ein deutliches Signal unserer Seele, dass wir an unserem Leben etwas Grundlegendes ändern sollten.

Lebenseinstellung geführt haben, von der uns unsere Seele durch die Botschaft »Krebs« wieder abbringen möchte.

Die Tiefe der seelischen Verletzung ist eine Seite des Problems. Doch die andere, ebenso wichtige Seite ist die Selbsttäuschung und Verdrängung des Problems Menschen, die an Krebs erkranken, haben die Verletzung, die sie erleben mussten, nie wirklich verarbeitet und ihre Wut und ihre Trauer nie wirklich ausgelebt. Stattdessen haben sie alles in sich hineingefressen – mit der Folge, dass ihre Seele ihnen nun ganz klar vor Augen führt, dass sie damit sich innerlich selbst aufzehren. Das, was eigentlich zu Wut, Aggression oder Trauer hätte führen müssen, wurde verinnerlicht und in Selbsthass, Selbstbeschuldigung, Resignation und Leere umgewandelt. Die Wut und die Trauer richteten sich nicht nach außen, sondern nagen nun am Selbst.

Was wir tun können

Die drei folgenden Schritte sind wichtig, um eine heilende Umkehr zu vollziehen:

Erkennen: Die verdrängten emotionalen Verletzungen müssen wieder bewusst werden. Nur dann kann man sie heilen.

Verstehen: Der Zusammenhang zwischen der Krebserkrankung und der einmal erlittenen emotionalen Verletzung muss begriffen werden.

Verzeihen: Durch Vergebung heilen wir die alten Verletzungen. Wir können vergeben, denn Vergeben ist leichter als Nichtvergeben – und wir haben Gott als Vorbild vor Augen.

Bei allen Formen von Krebserkrankungen und Tumoren sind die Erlebnisse der Vergangenheit wichtig. Schon das Erinnern kann ein sehr schmerzhafter Prozess sein – doch er ist notwendig, um die weiteren Schritte zu tun. Noch schwieriger mag auf den ersten Blick das Verzeihen fallen. Wie soll beispielsweise eine Frau, die als kleines Mädchen vergewaltigt wurde, ihrem Vergewaltiger so einfach verzeihen?

Doch es ist wichtig zu verstehen, dass wir denen, die uns Leid zugefügt haben, nicht unbedingt um ihretwillen verzeihen. Menschen, die uns einen kleinen Schaden verursacht haben, sollten wir um ihretwillen verzeihen; denen, die uns große Qualen zugefügt haben, aber um unseretwillen! Denn im Verzeihen liegt eine gewaltige Kraft, eine Kraft, die alle Wunden heilen kann.

Mit Gottes Hilfe, mit Hilfe des Gebetes, wird es uns leicht fallen, unseren Schuldigern zu vergeben, wie auch Gott uns unsere Schuld vergibt.

Gerade bei Krebs sind Bildgebete sehr sinnvoll. Oft sitzen emotionale Verletzungen so tief, dass sie sich dem Bewusstsein ganz entziehen. Man sollte sich davor hüten, wie es manche Psychologen tun, in solchen Fällen wilde Interpretationen und Mutmaßungen als unumstößliche Wahrheit hinzustellen.

Schließen Sie die Augen. Machen Sie sich ein Bild von dem Krebs: Wo ist er, wie ist er beschaffen, wie fühlt er sich an? Beginnen Sie dann mit der Vorstellung, dass Sie mit jedem Atemzug Engel Gottes in sich einlassen, die die Aufgabe haben, den Krebs mit Ihren Schwertern aus Licht zu besiegen.

Führen Sie die Engel mit Ihrer Vorstellung dorthin, wo der Krebs ist. Versuchen Sie, sich bildlich vorzustellen, wie Gottes Boten gegen den Krebs kämpfen und ihn Stück für Stück besiegen. Verzeihen Sie dem Besiegten, und entlassen Sie ihn aus Ihrem Leib.

Mit jedem Atemzug kommt neue Hilfe und Kraft zu Ihnen, bei jedem Ausatmen verlässt Sie ein Teil des besiegten Feindes, dem Sie vergeben.

Führen Sie dieses Gebet so oft und so lange durch, wie es Ihnen gut tut. Gott wird Ihre Vorstellung besser hören als nur Worte, und er wird Ihnen beistehen. Mit Gottes Hilfe werden Sie siegen!

Wenn das Immunsystem schwach ist

Ohne die Arbeit des Immunsystems würden wir in kürzester Zeit von einem tödlichen Ansturm von Krankheiten überwältigt werden. Dieses Geschenk Gottes zu pflegen liegt an uns: Unser Immunsystem arbeitet dann gut, wenn wir uns gesund ernähren, ausreichend schlafen und eine gewisse Regelmäßigkeit in unser Leben bringen.

MIT LIEBE WILL ICH ANNEHMEN

Hilf mir, Herr, Einsicht zu gewinnen
und dem, was Du mir zeigen magst,
nicht mit Abwehr und Vorurteil zu begegnen,
nicht mit Verwirrung und Enttäuschung,
nicht mit Bitterkeit und Schuldgefühlen,
nicht mit Selbstzweifel und Selbstverleugnung.

Mit Deiner Hilfe werde ich
voll Liebe und voll Freude, voll Offenheit und Neugier,
voll Vertrauen und Vergebung, voll Verständnis und voll Mut
Dich und mich selbst und das Leben
aus ganzem Herzen annehmen.

Durch Dich werde ich lernen,
meine Kraft, die von Dir kommt, anzunehmen,
der Sicherheit, die Du mir gibst, zu vertrauen,
die Aufgaben, die Du mir stellst, mutig anzugehen.

Denn Du bist die Wahrheit, die Liebe und das Licht,
das mir mein Herz mit Heiterkeit und Freude erleuchtet.
Du, Gott, bist mein Weg.

Amen.

Einer der häufigsten Einflüsse, mit denen wir unserem Immunsystem schaden, ist Stress. Wenn wir uns in ständiger Hektik und Unruhe verlieren, wenn wir nicht mehr die Möglichkeit haben, in uns zu gehen – dann haben wir auch nicht die Möglichkeit. Gott unser Herz zu öffnen und dem Weg zu folgen, den er uns weist. Wenn das der Fall sein sollte, dann zeigt uns die Seele, dass wir uns auf einem falschen Weg befinden. Wenn wir uns keinerlei Zeit für Stille gönnen, lässt unsere Seele in der Abwehr nach, unser Immunsystem wird allmählich schwächer, und wir werden krank – nun müssen wir die Stille pflegen und kommen vielleicht dann zur Einsicht.

Wenn wir nun in unserem Tun bereits so Immunsystems aufmerksam machen will. Es gibt zwei mögliche Gründe, weshalb wir uns neuen Einsichten verschließen: Angst oder Aggression.

Mögliche Bedeutung

Eine fortdauernde Schwächung des Immunsystems ist also auf grundlegende seelische Probleme zurückzuführen: auf Stress und auf das Abwehren neuer Einsichten, das wiederum auf unterdrückte Angst und Aggressionen zurückzuführen ist. Wenn wir diese Ursachen begreifen und versuchen, sie mit Gottes Hilfe zu überwinden, dann wird die Seele es nicht mehr für notwendig befinden, uns über das Immunsystem zu warnen. Die Symptome, in denen sich ein schwaches

---

KRAFTGEDANKE

Die Welt ist sicher und voll Liebe – die Welt ist voll von Gott.

Leicht kann ich mit allen in Frieden leben, da Du, mein Gott, mich führst.

Gott gibt mir alle Erkenntnis, die ich brauche – ich lebe hier und jetzt.

Ich bin ein Teil von Gottes Plan: Auch ich bin wichtig und von Gott geliebt.

Ich denke und ich fühle Frieden. Gott gibt mir Klarheit und Harmonie.

---

festgefahren sind, dass wir neue Einsichten verweigern, anstatt sie dankbar und offen anzunehmen, wird unsere Seele ein Signal setzen und die Immunabwehr weiter fallen lassen.

Wehren wir permanent neue Einsichten ab, dann liegt dem oft eine weitere Fehlentwicklung zugrunde, auf die uns unsere Seele durch die Schwächung des Immunsystem äußern kann, wie auch die seelischen Ursachen dafür sind vielfältig. Ich möchte hier nur auf die wichtigsten Symptome eingehen:

Bei *Allergien* besteht oft eine Tendenz, sich unnötig zu verschließen und alles erst einmal abzuwehren, was auf einen zukommt. Vorurteile, die als Abwehr verwendet werden, spielen dabei oft eine wichtige Rolle. Die Betroffenen sind nicht in der Lage und auch gar nicht bereit, ihre eigene Kraft zu erkennen.

Candida (Pilz)-Infektionen zeigen meist, dass der Betroffene sich weigert, alte Überzeugungen loszulassen. Er ist anderen gegenüber fordernd und gleichzeitig misstrauisch und infolgedessen verwirrt, enttäuscht und wütend.

Schon einfache *Erkältungen* sind, wenn sie gehäuft auftreten, ein Zeichen eines schwachen Immunsystems. Sie weisen auf Vorurteile, Verwirrung über den rechten Weg und eine gespannte, abwehrbereite Vorsicht hin.

Herpes ist meist das äußere Merkmal einer unausgesprochenen, unbewältigten Bitterkeit, eines unterdrückten Drangs, alles Liebevolle abzuwehren.

Parasitenbefall beruht oft auf großen Zweifeln an der eigenen Kraft, gepaart mit einer Ablehnung der Selbstverantwortung – aggressiv werden die eigenen Probleme äußeren Umständen zugeschrieben.

AIDS schließlich, die Krankheit, die das Immunsystem selbst befällt, ist in ihren Erscheinungsformen sehr vielschichtig, doch sie hat einige fast immer zutreffende Merkmale: Die Betroffenen verleugnen sich unbewusst selbst, lehnen sich selbst ab und geben sich auf. Die Selbstaufgabe aber ist eine letzte Form der Aggression.

So schwer ein Leiden auch sein mag: Wichtig ist es, dass wir seine Wurzeln erkennen. Schon dabei kann uns das Gebet helfen. Wenn wir aber erst einmal die seelischen Ursachen kennen und bereit sind, uns mit Gottes Hilfe zu verändern, dann wird alles möglich, denn Gott kann alles heilen.

Schließen Sie die Augen, und suchen Sie die Stille in sich.
Atmen Sie dreimal bewusst ein und aus, und fühlen Sie
bei jedem Einatmen, wie Gott Sie mit Erkenntnis, Freiheit
und Liebe erfüllt, und mit jedem Ausatmen, wie Sie nach
und nach von Unruhe, Spannungen und Aggressionen
gereinigt werden.

Atmen Sie nun ruhig weiter, und stellen Sie sich vor, wie
mit jedem Atemzug ein klares, friedliches Licht in Sie
einströmt. Beim Ausatmen stellen Sie sich vor, wie dieses
Licht Ihren ganzen Körper mühelos durchdringt, dabei
alle Zellen Ihres Leibes mit Kraft und Liebe erfüllt und
schließlich durch alle Poren wieder herausstrahlt – das
Licht ist dabei ungetrübt, alle Spannungen, Aggressionen
und Unreinheiten sind durch das Licht verwandelt
worden, ohne es zu verunreinigen.

So wird Ihr Leib immer stärker von einer Hülle aus Licht
umgeben sein – ein Licht, das aus Gott kommt, Sie heilt
und Ihnen Frieden gibt.

Behalten Sie während dieses Gebetes Gott in Ihrem
Herzen, und achten Sie darauf, welche Botschaft er Ihnen
mit auf den Weg geben will.

Wenn das Sehen gestört ist

Die Augen sind das Tor zur äußeren Welt. Durch dieses Tor betreten wir die Welt der Farben und Formen, nehmen die Schönheit der Welt wahr, die uns Gott gegeben hat. Umgekehrt sind die Augen aber auch der »Spiegel der Seele« – in unseren Augen spiegeln sich unsere Gefühle.

ÖFFNE MEINE AUGEN DER LIEBE

Ich weiß, dass Du die Welt
mit Liebe und Güte und Weisheit geschaffen,
doch fällt es mir manchmal noch schwer,
die Welt und mein Leben,
das Jetzt und die Zukunft
mit den Augen der Liebe zu sehn.

Darum bitte ich Dich, mein gütiger Gott,
mir die Augen zu öffnen,
mich sehend zu machen,
mich hingeben zu können,
mit Liebe und Weisheit und Güte
der Welt und dem Leben,
dem Heute und Morgen.

Lass mich mit Augen der Liebe sehn,
lass mich die Menschen mit Liebe verstehn
und voll Mut Dir entgegengehn.

Amen.

Das Eigentliche und Wesentliche ist, wie der Dichter Antoine de Saint-Exupéry es in »Der kleine Prinz« schrieb, für die äußeren Augen unsichtbar – man sieht nur mit dem Herzen, mit dem inneren Auge, gut.

Augenprobleme sind stets auch Seelenprobleme. Wenn wir Schwierigkeiten mit unseren Augen haben, weist das meist auf unsere Schwierigkeit hin, der Vergangenheit, Gegenwart und Zukunft realistisch ins Auge zu sehen. Das, was wir nicht mit Liebe, Freude, Verständnis und Einsicht betrachten können, wollen wir gar nicht sehen. Und wenn wir etwas nicht sehen wollen, dann werden wir es auch nicht sehen.

Warnsignal gibt, das uns deutlich darauf hinweisen soll, welche Schwierigkeiten wir wirklich haben.

Mögliche Bedeutungen

Wenn wir schlecht sehen können, ist es umso wichtiger, die Augen unseres Herzens weiter zu öffnen und furchtlos die Welt anzunehmen. Wenn wir uns davor fürchten, können wir Gott im Gebet um Hilfe bitten. Er wird unsere Augen wieder öffnen. Mit seiner Hilfe wird es uns gelingen, Vergangenes liebevoll und verzeihend zu sehen, Gegenwärtiges mit Dankbarkeit und Geduld zu betrachten und mit Freude und Vertrauen in die Zukunft zu blicken. Wenn wir nicht mehr richtig

---

KRAFTGEDANKE

Herr, öffne meine Augen der Liebe, der Freude und dem Verstehn.

Die Welt ist wunderschön, oh Gott, lass sie mich mit Deinen Augen sehn.

Mit großer Zuversicht blicke ich in die Zukunft, denn Gott ist bei mir.

Mach meine Augen klar, Herr, dass ich Deinen Willen besser sehe.

Die wahren Augen sind die Augen des Herzens – sie sehen durch Dich, Gott.

Mitunter ist es aber sehr wichtig für uns, klar zu sehen: zu sehen, was die Erfahrungen der Vergangenheit uns lehrten, zu sehen, was die Gegenwart bietet, und zu sehen, welche Möglichkeiten die Zukunft für uns bereithält.

Wenn wir unsere Augen beharrlich davor verschließen, kann es sein, dass uns die Seele über ein körperliches Symptom ein

sehen können, sind meist Ängste daran schuld. Das Wichtigste ist dann, das Vertrauen in Gott wieder zu finden. Denn wovor müssten wir uns fürchten, wenn wir Gott an unserer Seite haben?

Die unterschiedlichen Augenprobleme weisen daher auf die Besonderheiten der ihnen zugrunde liegenden seelischen Problematik hin.

Bei *Kurzsichtigkeit* steht die Angst vor der Zukunft im Mittelpunkt. Das Kommende, weiter entfernt Liegende wird unklar gesehen und erzeugt Unsicherheit. Die Zukunft gehört jedoch Gott – mit seiner Hilfe können wir unbeschwert in das Morgen gehen.

Beim *Grauen Star* ist die Problematik ähnlich. Es steht jedoch nicht die Angst vor der Zukunft im Vordergrund, sondern die Unfähigkeit, mit Freude in die Zukunft zu blicken. Wenn wir uns jedoch auf das, was uns Gott bringen wird, nicht mehr freuen können, haben wir unser Herz verschlossen. Sobald wir wieder Gott in unser Herz lassen, wird auch die Freude wieder wach.

Weitsichtigkeit ist meist ein Ausdruck der Angst vor der Gegenwart. Es ist wichtig zu erkennen, dass die Gegenwart nur ein vorüberziehender Moment ist. Mit Gottes Hilfe und unseren eigenen Bemühungen formen wir die Gegenwart in jedem Augenblick aufs Neue.

Der *Grüne Star* weist auf eine bestehende Unversöhnlichkeit hin. Manche Dinge in unserer Vergangenheit waren so belastend, dass wir sie am liebsten gar nicht mehr sehen würden. Doch wenn Vergangenes bedrückt, hilft es nichts, die Augen davor zu verschließen. Mit Gottes Hilfe können wir uns gelassen unserer Vergangenheit stellen.

Eine *Bindehautentzündung* macht die Enttäuschung über das, was das Leben gezeigt hat, deutlich. Doch nicht die Vergangenheit zählt, sondern die Gegenwart und Zukunft, die wir aus ihr machen.

Schielen zeigt meistens innere Widersprüche an. Es ist wichtig, seinen Blick immer auf das Wesentliche, d.h. auf Gott, zu richten.

Blindheit ist mitunter ein Ausweichen vor dem Zeitlichen und eine Hinwendung zu einer anderen, zeitloseren Wahrnehmungsebene. Oft öffnen sich die seelischen Augen besonders weit, wenn man erblindet ist.

Falten Sie Ihre Hände, und reiben Sie sie aneinander, bis sie ganz heiß werden. Lassen Sie die Hände gefaltet vor der Brust.

Schließen Sie die Augen, und spüren Sie die Wärme in Ihren Handflächen. Stellen Sie sich nun vor, wie aus der Wärme in Ihren Händen Licht wird. Von oben herab strömt Gottes Licht in Ihre Hände.

Öffnen Sie die gefalteten Hände, und legen Sie die warmen Handflächen auf Ihre geschlossenen Augenlider.

Versuchen Sie zu spüren, wie die Wärme und das Licht in Ihre Augen fließen, sie heilen und sehend machen. Fühlen Sie mit ganzem Herzen, wie das Licht Gottes Ihr seelisches Sehvermögen erhöht, wie es Ihre Sichtweisen reinigt und klärt.

Nach einer Weile können Sie die Hände wieder falten, aneinander reiben und dieses wortlose Gebet wiederholen – tun Sie dies, sooft es Ihnen gut tut.

Probleme mit Magen und Darm

Was wir in uns aufnehmen, wie wir es verarbeiten und annehmen und wie wir das Unbrauchbare wieder loslassen und uns davon trennen, bestimmt zu einem großen Teil darüber, ob wir gesund sind.

GEBEN UND NEHMEN SIND EINS

Herr, hilf mir, mehr Mut zu gewinnen,
mehr Sicherheit und mehr Vertraun.
Bei Dir ist Sicherheit und Schutz,
bei Dir ist alles klar und hell.
Ich bitte Dich: Lass Neues mich begrüßen,
und lass von Altem mich befrein,
hilf mir, die Freiheit zu genießen,
und hilf mir, andern zu verzeihn.
Herr, hilf mir, mehr zu glauben,
Herr, gib mir Selbstvertraun,
erlöse mich von Starrheit –
im Zweifel kann ich auf Dich baun

Ich möchte Dir versprechen,
zu tun, was ich vermag,
und stets mit einem Lächeln
zu grüßen jeden Tag.

Aufnehmen werde ich:
alles Neue, was Du mir schenkst.
Annehmen werde ich:
jede Veränderung, die Du mir bringst.
Loslassen werde ich:
Vorurteil und Starrsinn, Selbstzweifel und Angst.
Und lieben, vertrauen und ehren werde ich Dich, mein Gott.

Amen.

Verdauungsprobleme sind schon fast etwas Alltägliches geworden. Wer leidet nicht irgendwann einmal unter Verstopfung, Durchfall oder Blähungen? Und immer mehr Menschen sind von schwereren Symptomen betroffen: Gastritis, Magengeschwüren oder Gallensteinen.

Ist Ihnen aufgefallen, wie sehr die Funktionen der Verdauung auch auf unser Seelenleben zutreffen? Auch auf seelischer Ebene ist es wichtig, das Richtige aufzunehmen, Neues gut zu verarbeiten

Mögliche Bedeutungen

Ganz allgemein gesagt, hängen Schwierigkeiten mit der Verdauung mit Angst vor Veränderungen, mit Selbstwertproblemen und mit einem Mangel an Vertrauen und Liebe zusammen.

Es gibt so viele Aufgaben innerhalb des Verdauungsapparates; und jede dieser Aufgaben hat ihre seelische Entsprechung. Unsere Seele kann uns mit den unterschiedlichen Krankheitssymptomen ganz genaue Hinweise darauf geben, woran wir bei uns arbeiten sollten.

KRAFTGEDANKE

Neues aufzunehmen und zu verdauen macht Freude.

Ich lasse Vergangenes los und werde mit Gottes Hilfe frei.

Du gabst mir das Leben, Herr. Ich werde das Leben vertrauend fließen lassen.

Ich bin geborgen in Gott und geliebt. Ich nehme meine Gefühle an.

Ich liebe und verstehe andere und mich: Wir sind alle Gottes Kinder.

und anzunehmen und das unserer Seele nicht Gemäße wieder loszulassen und uns mühelos davon zu trennen.

Das ist natürlich kein »Zufall«. Durch Symptome, die mit der Verdauung zusammenhängen, macht unsere Seele uns genau auf die seelischen Probleme aufmerksam, die ihre Entsprechung im Körperlichen haben. Verdauungsprobleme haben also auf seelischer Ebene ebenfalls mit den Themen Aufnehmen und Annehmen, Verarbeiten und Assimilieren, Ausscheiden von Schädlichem und dem Loslassenkönnen zu tun.

Besonders deutlich tritt das beim Symptom *Magengeschwür* zutage. Bekanntermaßen sind insbesondere Menschen, die unter starkem Stress leiden, von Magengeschwüren betroffen. Doch nicht allein der Stress ist charakteristisch, sondern vor allem das Gefühl der Angst, etwas Unvorhergesehenes, Bedrohliches könnte geschehen. Das Symptom Magengeschwür und seine Vorstufe, die Gastritis (Magenentzündung), machen die seelischen Schwierigkeiten körperlich deutlich: Sobald die Betroffenen etwas in sich aufnehmen, werden sie von Schmerzen geplagt. Sie beginnen, sich mit Schonkost zu ernähren, nur noch ganz leicht Verdauliches aufzunehmen. Das Neue ist bei ihnen mit Schmerz verbunden.

Das Symptom macht deutlich, dass es nun an der Zeit ist, sich an Gott zu wenden, um mit seiner Hilfe wieder zu lernen, das, was an Neuem auf einen zukommt, ohne nach innen gerichtete Aggression, ohne Angst und Schmerzen aufzunehmen und zu verdauen.

Bei *Verstopfung* zeigt uns die Seele, dass es uns schwer fällt, Altes und Verbrauchtes loszulassen. Wir klammern uns zu sehr an die Vergangenheit. Auch Geiz spielt bei Verstopfung nicht selten eine wichtige Rolle.

Durchfall ist die andere Seite der Medaille: Unsere Seele gibt uns die Botschaft, dass wir uns nicht weigern sollten, Neues erst einmal richtig zu verdauen und es nicht sofort, weil wir es nicht verstehen, fallen lassen sollten. Die Angst vor Unbekanntem spielt oft eine Rolle. Ein ähnliches Problem liegt bei Erbrechen vor; doch der Abwehrprozess setzt dabei noch schneller und heftiger ein.

Mit *Gallensteinen* werden wir auf verhärteten Stolz hingewiesen, auf Vorurteile, die uns verbittern. Es ist wichtig, Gott darum zu bitten, einen wieder die Süße des Lebens erkennen zu lassen.

Die *Gastritis* macht unsere Zweifel, unsere Unsicherheit, unsere Sorgen und das Gefühl der Ungewissheit spürbar. Jetzt ist es wichtig, umzukehren und sich Gottes Führung anzuvertrauen, bevor unsere Seele uns mit einem Magengeschwür deutlicher auf unseren momentanen Irrweg hinweist.

Probleme mit der *Leber* zeigen vor allem, dass Gefühl und Verstand uneins sind. Beide aber kommen von Gott.

So vielfältig Verdauungsprobleme auch sein mögen – Gott ist die Lösung für alle diese Schwierigkeiten, wenn wir es nur wagen, ihn anzunehmen.

Die Krankheiten, die mit der Verdauung zu tun haben, sind sehr mannigfaltig – und sie haben alle ihre ganz besondere Botschaft. Was allen diesen Signalen unserer Seele gemein ist, ist das grundlegende Thema: Aufnehmen, Annehmen und Loslassen. In dem folgenden Bildgebet wollen wir Gott um seine Hilfe bitten, wenn es uns schwer fällt, Neues aufzunehmen, Aufgenommenes zu verarbeiten und Altes loszulassen.

Schließen Sie die Augen, und kehren Sie in Ihrer Phantasie in eine Zeit zurück, in der Sie sich sehr glücklich fühlten.

Nehmen Sie alle wunderbaren Gefühle, die Gott Ihnen damals sandte, in sich auf – erleben Sie die Freude von neuem.

Sie haben die schönen Gefühle angenommen und verabschieden sich jetzt bewusst von der damaligen Situation und kehren in die Gegenwart zurück.

Sie können das Alte hinter sich lassen – denn das Gute tragen Sie in sich. Sie wissen, dass Sie, indem Sie das Gute angenommen haben und das andere losgelassen haben, Ihr Leben zum Positiven verändert haben.

Führen Sie dieses wortlose Gebet mit verschiedenen positiven, negativen und unbedeutenden Situationen Ihres Lebens: Gott wird Ihnen zeigen, wie wunderbar Ihr Leben ist, wenn Sie das Gute stets annehmen.

Wenn Bewegung schmerzt

Dass wir uns, wenn wir gesund sind, frei und ohne Schmerzen bewegen können, ist eines der Geschenke Gottes, die wir für selbstverständlich nehmen und erst dann richtig zu würdigen wissen, wenn sie uns verloren gehen. Bewegung ist eine Quelle der Freude.

DU GIBST MIR DIE KRAFT

Ich bin erstarrt im Lauf der Zeit.
Mich zu bewegen, mich zu beugen,
voller Mut auf Neues zuzugehn,
fällt mir jetzt schwer.

Ich wende mich zu Dir, mein Gott,
der Du Bewegung und nie Stillstand bist:
Hilf mir, in Bewegung zu bleiben,
hilf mir, nachgiebig zu sein,
hilf mir, auf die Zukunft zuzugehn.

Ich habe Schlechtes erfahren, doch ich werde Gutes erleben.
Ich habe Angst bekommen, doch ich werde Freude bekommen.
Ich bin misstrauisch geworden, doch ich werde Vertrauen lernen.
Ich bin unbeugsam gewesen, doch ich werde nachgiebig werden.

Durch Deine Liebe, Deine Güte, Dein Vertraun,
gibst Du mir die Kraft ,
in ein neues Leben aufzubrechen.
Führe mich an Deiner Hand, oh Herr.

Amen.

Wenn es uns Schmerzen bereitet, uns zu bewegen, wird uns bewusst, wie wichtig unsere uneingeschränkte Bewegung ist. Selbst dann, wenn das Bewegen Schmerzen verursacht, ist vielen Betroffenen nicht klar, dass ihre Seele sie auf eine ganz bestimmte Problematik hinweisen will. Es gibt die unterschiedlichsten Möglichkeiten, wie wir in unserer Bewegungsfreiheit eingeschränkt sein können – und jedes Symptom hat seine eigene Bedeutung. Eine Botschaft ist jedoch allen Symptomen, die unsere Bewegungsmöglichkeiten behindern, gemein-

will, dass wir uns frei bewegen – auch geistig frei! Aus der Freiheit, die uns Gott gegeben hat, müssen wir schließen, dass er dies mit Absicht getan hat. Oder könnte jemand wirklich gut sein, der gezwungen ist, Gutes zu tun?

Gott ist Bewegung: Um stets gütig, stets liebevoll, stets verzeihend, stets verständnisvoll zu sein, ist seelische Bewegung notwendig. Denn nur durch Bewegung hin zum anderen ist Liebe, ist Güte, sind Vergebung und Verstehen möglich.

Wenn wir jedoch frei geschaffen sind, wie kommt es dann zur Erstarrung? Nun, in der Welt bleiben wir von schlechten

KRAFTGEDANKE

Ich bin von Gott getragen und frei zu gehen, wohin ich will.

»Nimm dein Bett, steh auf und geh!«, sprach der Herr – auch zu mir.

Das Leben ist ein Tanz zur Ehre Gottes. Herr, hilf mir zu tanzen.

Ich vergebe und verstehe und vertraue mich Gottes Führung an.

Die Zukunft hält etwas Wunderbares für mich bereit.

sam: Unsere Seele weist uns darauf hin, wie wichtig es ist, gerade auch auf geistiger und spiritueller Ebene, in Bewegung zu bleiben, beweglich und nachgiebig zu sein und auf Neues zuzugehen.

Mögliche Bedeutungen

Es ist nicht Gottes Wille, dass wir erstarren und unbeweglich bleiben, dass wir uns an unseren Ansichten krampfhaft festhalten wie an einem Rettungsring. Gott hat uns unsere Freiheit gegeben und

Erfahrungen nicht verschont. Wenn wir uns davor hüten, unseren kleinen Ausschnitt der Welt, den wir »unsere Erfahrung« nennen, zur gesamten Welt zu erklären, wenn wir auch schlechte Erfahrungen dazu verwenden, zu wachsen, uns zu entwickeln, dann können wir auf Gottes Hilfe zählen, wenn es darum geht, beweglich zu bleiben. Und wenn wir zu spüren beginnen, dass wir erstarren, dann spüren wir dies immerhin – wir sind also noch nicht vollkommen unbeweglich geworden. Gerade dann können und sollen wir Gott um Hilfe bitten – und er wird unsere Bitte erhören.

Da es zahlreiche Arten von Erkrankungen des Bewegungsapparates gibt, möchte ich einige davon mit ihren seelischen Bedeutungen anführen:

Bei der *Arthritis* steht im Vordergrund oft das Gefühl, von den anderen ausgenützt zu werden. Die Betroffenen haben das Gefühl, nicht ausweichen zu können und in ihrer seelischen Bewegungsfreiheit eingeschränkt zu sein.

Probleme mit den *Beinen* weisen meist darauf hin, dass der Betroffene Angst vor der Zukunft hat und sich nicht mehr traut weiterzugehen.

Bei *Hüftschmerzen* haben die Betroffenen oft Entscheidungsschwierigkeiten. Nichts scheint vorwärts zu gehen, und es fällt schwer, das seelisch-geistige Gleichgewicht zu halten.

Knieprobleme haben mit einem überzogenen Stolz und einer überhöhten Vorstellung des eigenen Selbst zu tun. Die Unbeugsamkeit macht sich in diesen Beschwerden bemerkbar.

Osteoporose ist ein Warnsignal der Seele, das die Betroffenen spüren lässt, dass das Grundgerüst ihres Lebens brüchig wird. Es ist nun an der Zeit, an den Grundlagen zu arbeiten.

Rheuma hängt oft mit einem unbewussten Mangel an Liebe zusammen, der zu Verbitterung und Groll geführt hat. Es ist wichtig, sich selbst und andere zu lieben und zu verzeihen.

Wenn der *Rücken* Probleme bereitet, dann zeigt die Seele damit oft, dass dem Betroffenen das Gefühl der Unterstützung durch Gott verloren gegangen ist. Es ist nun an der Zeit, sich vertrauensvoll an Gott zu wenden, um seine Unterstützung wieder zu spüren.

Bildgebet

Schließen Sie die Augen. Richten Sie Ihre Aufmerksamkeit ganz auf den Teil oder die Teile Ihres Körpers, die in ihrer Bewegung eingeschränkt sind.

Stellen Sie sich vor, wie diese Körperregion von Licht durchflutet wird. Spüren Sie, wie Gottes Kraft in die betroffenen Körperteile einströmt.

Achten Sie darauf, wie sich Ihre Wahrnehmung dieser Regionen verändert – vielleicht spüren Sie Wärme, ein Kribbeln oder ein angenehmes, befreiendes Ziehen.

Stellen Sie sich vor, wie Ihr Körper Licht aufnimmt – Licht, das heilt und Blockaden auflöst. Beginnen Sie , in Ihrer Vorstellung leichte Bewegungen zu machen, die Sie aufgrund Ihrer Krankheit nicht oder nur unter Schmerzen ausführen konnten.

Spüren Sie, wie durch die vorgestellte Bewegung das heilende Licht in alle Zellen, alle Knochen, alle Gelenke eindringt, sie leichter macht, Spannungen aufhebt, Blockierungen löst und die Bewegung immer leichter macht.

Wenn Sie dieses Gebet eine Weile durchgegangen sind, probieren Sie nun aus, wie sehr sich die tatsächliche Bewegungsmöglichkeit verbessert hat. Sie können darauf vertrauen, dass Ihnen Gott beistehen wird.

Erkrankungen des Nervensystems

Das Nervensystem, zu dem auch das Gehirn gehört, wurde von Wissenschaftlern als das komplexeste Gebilde im gesamten Universum bezeichnet. In der Tat ist unser Nervensystem ein unvorstellbares Wunder: Die Zahl der Verbindungen der Nervenzellen in unserem Gehirn ist höher als die Zahl der Sterne in der Milchstraße.

DU GIBST MIR HALT

Ich halte mich an Dich, mein Gott.
Du bist mein Ziel, mein Weg, mein Leben.

Ich habe die Orientierung verloren –
doch Du weist mir den rechten Weg.
Ich habe die Kontrolle verloren –
doch Du gibst mir neuen Halt.
Ich habe den inneren Frieden verloren –
doch Du tröstest mich mit Deiner Gnade.
Ich habe den Kontakt verloren –
doch Du lehrst mich wieder sprechen.

Meine Bestimmung bist Du, oh Herr.
Du bist mein Herz, mein Licht, mein Segen.

Du gibst mir die Freiheit, nicht alles kontrollieren zu müssen.
Du gibst mir die Zeichen, wohin ich mich wenden kann.
Du gibst mir Frieden, wenn ich voll Wut und Enttäuschung bin.
Du gibst mir Einsicht, wenn ich nicht begreifen kann.

So halt ich mich an Dich, mein Gott,
da Du mein Herz mit Deiner Liebe füllst und alles heilst.

Amen.

Unser Nervensystem steuert und lenkt unseren Körper. Wir geben die Befehle, und das Nervensystem führt sie aus. Nicht alles können wir jedoch bewusst steuern. Das Nervensystem hat auch seine unabhängigen Funktionen: Wir können ja nicht ständig daran denken zu verdauen, das Herz schlagen zu lassen oder zu atmen.

Was uns die Seele sagt

Leiden wir an Symptomen, die das Nervensystem betreffen, weist uns die Seele auf die Notwendigkeit einer Veränderung in unserem Leben hin. Wenn unser Nervensystem angeschlagen ist, verlieren wir vielleicht die Orientierung, wir können

zeigen uns Symptome an unserem Nervensystem, wo unsere eigentlichen Probleme liegen. Dann ist es vor allem wichtig, ein Ziel, eine Bestimmung zu finden. Wir sollten uns bewusst werden, dass wir nicht alles kontrollieren können, sondern einen Teil der Kontrolle in höhere Hände legen. Wenn wir die innere Kommunikation mit uns selbst und die Kommunikation mit Gott verbessern, uns von unseren Erfahrungen mit Gottes Hilfe leiten lassen und bereit sind, mit Gott und unseren Mitmenschen harmonisch zusammenzuarbeiten, werden wir auch die Symptome, von denen unser Nervensystem betroffen ist, allmählich in den Griff bekommen.

KRAFTGEDANKE

Ich gebe mich in Deine Hand – ich brauche nichts zu kontrollieren.

Du machst mich wieder ganz, oh Gott, und schenkst mir Frieden.

Das warme Licht Deiner Gnade weist mir den Weg.

Durch Dich, Gott, kann ich mit mir und anderen kommunizieren.

Deine segnende Hand befreit mich von allen Konflikten.

---

nicht mehr alles kontrollieren, verlieren das Gespür für Dinge. Die zentrale Steuerung versagt, und innere Konflikte treten zutage. Auf diese Konflikte will uns die Seele hinweisen. Wenn wir die Orientierung verloren haben und nicht mehr Gottes Leitung vertrauen, wenn wir glauben, alles kontrollieren zu müssen, wenn wir das Gespür für Gott verlieren, dann

Mögliche Bedeutungen

Die Symptome, die am Nervensystem auftreten können, sind äußerst vielfältig. Ich kann daher hier nur einige der am häufigsten auftretenden aufzählen.

Bei der *Parkinson-Krankheit* sind Angst und das Verlangen zu kontrollieren die seelische Wurzel. Es ist wichtig, einen Teil der Kontrolle abzugeben.

Nervenentzündungen weisen auf schwelende Wut und Enttäuschungen aufgrund innerer Konflikte hin, die mit Gottes Hilfe erkannt und überwunden werden sollten. Die nach innen gerichtete Wut muss aufgearbeitet werden.

Taubheitsgefühle deuten an, dass sich der Betroffene nicht mehr an der Liebe als Leitziel orientiert und das Gespür für die Grenzen des eigenen Ich verliert. Gottes Liebe als das höchste Ziel ist für jedes Leben von Bedeutung.

Lähmungen zeigen, dass man auf seelischer Ebene irgendwo stecken geblieben ist und nicht mehr weiter weiß. Wenn man nun verzweifelt versucht, die Kontrolle zu behalten, verschlimmert das die Probleme. Geben wir die Kontrolle ab und geben sie in Gottes Hand, so werden sich die Dinge zum Besseren wenden.

Mit *Schwindelgefühlen* weist uns die Seele darauf hin, dass wir Probleme haben, uns an der Realität zu orientieren, und dass wir an inneren Konflikten leiden, die uns verwirren. Nun ist es an der Zeit, dass wir uns betend an Gott wenden: Er kann jede Verwirrung auflösen und uns stattdessen zu Erkenntnis verhelfen.

Aufgrund der vielfältigen Symptome, die das Nervensystem betreffen können, soll das folgende Bildgebet sich nicht auf ein bestimmtes Symptom richten, sondern Gottes Aufmerksamkeit auf das Nervensystem als Ganzes lenken.

Schließen Sie die Augen. Beginnen Sie nun damit, Ihre Aufmerksamkeit auf Ihren rechten Fuß zu richten.

Stellen Sie sich vor, wie Tausende von winzigen Lichtstrahlen vom Himmel her auf Ihren Fuß treffen und in ihn eindringen. Das fühlt sich angenehm und schön an. Vielleicht spüren Sie sogar ein leichtes Kribbeln.

Gehen Sie mit Ihrer Aufmerksamkeit nun am rechten Bein weiter nach oben – stets dringen die Lichtstrahlen an der Stelle ein, auf die Sie Ihre Aufmerksamkeit gerichtet haben.

Gehen Sie dann zum anderen Bein über, dann zu Ihrem Unterleib, Ihrem Bauch, Ihrer Brust, Ihren Händen und Armen, Ihrem Hals und schließlich Ihrem Kopf.

Spüren Sie, wie Gott mit seinem heilenden Strahl durch Ihre Nerven fließt und Sie dabei von innen her reinigt, klärt und heil werden lässt.

Die Tiefe der Menschenseele
birgt unergründliche Kräfte,
weil Gott selbst in ihr wohnt.

Franz von Assisi (um 1181–1226)

GEBETE FÜR DIE SEELE

Erst durch Jesus Christus ist der Wert jeder einzelnen Menschenseele in die Erscheinung getreten, und das kann niemand mehr ungeschehen machen.

Adolf von Harnack (1851–1930)

Alle Krankheiten haben ihre Wurzeln in der Seele. Denn Krankheitssymptome sind ja nichts anderes als Botschaften unserer Seele, mit denen sie uns zeigen will, dass wir von unserem Weg zum Heil abgekommen sind und dass es nun sinnvoll wäre, unser Leben neu zu überdenken.

Nicht alle Leiden sind jedoch mit körperlichen Symptomen verbunden. Natürlich kann die Seele uns auch auf dem Weg über Gefühle Botschaften für notwendige Veränderungen übermitteln.

In der Tat ist das sogar der direktere Weg. Wenn wir von unserem Weg abkommen, sollte uns unser Gefühl sagen, dass wir uns verändern müssen. Wir haben jedoch »gelernt«, unsere Gefühle gering zu achten, nichts oder wenig auf ihre Stimme zu geben, sondern alles mit dem Verstand analysieren zu wollen.

Auf Gefühle hören

Eine der Wurzeln des Leidens in der heutigen Welt liegt darin, dass wir unsere Gefühle nicht mehr richtig spüren. Wir sind auf eine ganz besondere Art und Weise taub geworden.

Die laute Stimme unserer Rationalität übertönt die feinere, vielfältigere und farbigere Stimme unserer Gefühle. Dieselbe Art der Taubheit lässt uns Gottes Stimme nicht mehr deutlich vernehmen. Wohlgemerkt, unser Verstand ist eine wunderbare Gabe Gottes – es wäre daher ein Fehler, ihn gering zu achten, denn er ermöglicht es uns, Gott zu erkennen, nach seinem Willen zu handeln, ihn um Hilfe zu bitten und seine Gnade zu erkennen. Doch wenn wir dem Verstand absolute Priorität einräumen, sind wir auf einem falschen Weg, der wenig Gutes verheißt. Gott hat uns den Verstand gegeben – aber nicht nur den Verstand!

Die Verbindung von Körper und Seele

Wenn wir nicht auf unsere Gefühle hören, die zur Veränderung unserer Lebens-, Verhaltens- und Gefühlsmuster raten, wird die Seele versuchen, uns durch stärkere Gefühle, die wir nicht mehr ignorieren können, auf unsere Probleme aufmerksam zu machen. Nur: Allzu oft erkennen wir nicht einmal dann die Botschaften unserer Seele.

Wir verdrängen selbst starke Gefühle. Wir wollen nicht wahrhaben, was unseren gewohnten Denkmustern widerspricht. Dann erst wird es für die Seele nötig, mit körperlichen Symptomen unsere Aufmerksamkeit zu wecken.

Nun ist es nicht etwa so, dass Signale der Seele, die unsere Gefühle betreffen, kein Leiden verursachen.

Körper und Seele hat Gott für diese Welt zusammengefügt. Deshalb leidet das eine, wenn das andere leidet. Die Seele leidet, wenn der Körper leidet, aber umgekehrt leidet auch der Körper, wenn die Seele in Nöten ist. Seelische Probleme ziehen unweigerlich körperliche Probleme nach sich, und umgekehrt. Doch wer ist der Urheber von Körper und Geist? Derjenige, der alles weiß, alles versteht, alles liebt und alles heilt – Gott.

Auf den folgenden Seiten werden Sie Anleitungen zum Beten und Hilfe finden, wenn die Seele leidet, beispielsweise, wenn es um Ängste, Depressionen, sexuelle Probleme, Kraftlosigkeit, Eifersucht, negative Emotionen wie Wut, Hass oder Aggression sowie Süchte und Abhängigkeiten geht.

Ängste

Ängste hat jeder Mensch. Ängste sind bis zu einem gewissen Grad sogar lebensnotwendig, da sie uns vor Gefahren warnen. Gott hat uns diese Warnsignale mitgegeben, damit wir das Geschenk unseres Lebens nicht leichtfertig aufs Spiel setzen. Diese natürlichen Ängste sind kein Problem.

GIB MIR MUT, DIR ZU VERTRAUEN

Die Angst, mein Gott, ist Dunkelheit in mir,
und ich verlor den lichten Weg im Leben.
Doch Du, mein Gott, Du bist ja hier –
ich darf mich ganz in Deine hellen Hände geben.
Du führst mich, Herr, auf sicheren Wegen,
und ich weiß: Dir darf ich vertrauen.

An Altgewohntem hielt ich allzu lange fest,
ich wagte nicht voranzugehen.
Doch weiß ich, dass Du mich nicht fallen lässt,
und ich beginne zu verstehen.
Durch Dich, mein Gott, kann ich nun sehen
und lichte Brücken über meine Ängste bauen.

Herr, hilf mir zu vertrauen,
Herr, hilf mir, wenn ich furchtsam bin,
Herr, hilf mir, Dein Werk so zu achten, wie es ihm zukommt,
anstatt die Augen zu verschließen.
Herr, hilf mir, nicht zu erstarren,
wenn ich in der Dunkelheit bin,
sondern mit Liebe und Freude,
mit Leichtigkeit und Freiheit,
mit Verstand und Herz
aus dem Dunkel ins Licht zu gehen.

Amen.

Gott hat uns die Fähigkeit verliehen, vorausdenken und Situationen und Ereignisse in der Zukunft gedanklich durchspielen zu können. Diese Fähigkeit bringt es jedoch mit sich, dass wir nicht nur in konkreten Situationen Angst haben, sondern auch in Situationen, die sich ausschließlich in unserer Vorstellungswelt abspielen.

Wenn Ängste unser Leben bestimmen

Eine weitere menschliche Eigenschaft ist unsere enorme Lernfähigkeit – und ständige, wenn auch unbewusste Suche nach Sinnzusammenhängen.

Doch diese Fähigkeiten können mitunter dazu führen, dass wir selbst da Zusammenhänge vermuten, wo es keine gibt.

können diese Ängste so stark sein, dass sie Panik erleben. Das kann manchmal sogar lebensbedrohlich werden – beispielsweise wenn jemand, der panische Angst vor Spinnen hat, während des Autofahrens eine solche sieht.

Besonders schwierig ist die Lage bei Ängsten, die ursprünglich eine Berechtigung hatten, wie die Angst vor Krankheiten oder Unfällen oder Höhenangst. Wenn jemand sich jedoch aus Höhenangst nicht mehr auf den Balkon traut, ist die Angst nicht mehr zweckmäßig – sie hat sich verselbstständigt.

Wenn Ängste Sie im Alltag behindern, sollten Sie mit aller Kraft versuchen, sich von ihnen zu lösen – und das gelingt am besten mit Gottes Hilfe.

KRAFTGEDANKE

Alles ist möglich, wenn Du, mein Gott, bei mir bist.

Ich bin frei und unbeschwert – Du bist mein Schutz, mein Halt.

Alle Furcht wird zu Heiterkeit, denn Du bist mein gütiger Hirte.

An Deiner Hand, oh Herr, kann ich alles bestehen.

Die Welt ist wunderschön, die Du geschaffen hast – nur Freude.

Dies ist eine der vielen Ursachen für Aberglauben und irrationale Ängste. Unsere Ängste werden dann zum Problem, wenn sie uns behindern und nicht mehr dem Zweck dienen, der von Gott beabsichtigt ist. Die Angst vor Mäusen, Spinnen oder Dunkelheit sind Beispiele für solche Ängste. Für die Betroffenen

Mögliche Bedeutungen

Ängste stellen ein Hindernis für Ihre seelische Entwicklung dar. Sie halten Sie davon ab, Ihr Leben so frei zu leben, wie es Ihnen von Gott geschenkt wurde. Letztendlich hindern Ängste Sie daran, Ihr Leben, Gottes wunderbare Schöpfung und schließlich sogar Gott selbst aus ganzem Herzen zu lieben und zu genießen. Sicherlich ist es nicht immer leicht, seine Ängste so einfach zu überwinden. Doch mit Hilfe der Kraft des Gebetes wird Ihnen dies gelingen. Es ist dabei aber auch wichtig, sich die Bedeutung der Angstgefühle klar zu machen. Allgemein sind Ängste stets der Ausdruck einer inneren Haltung des Zweifels am Leben und an der Führung Gottes. Jede Angst hat jedoch auch noch ihre ganz eigene Bedeutung.

Höhenangst steht im Zusammenhang mit Schuldgefühlen, einem unbestimmten Gefühl, »gefallen«, das heißt, sündig geworden zu sein. Doch Fehler in unserem Leben können wir nicht durch Ängste verhindern – zumindest nicht, ohne andere Fehler dafür zu begehen. Wenn wir Fehler vermeiden wollen, gelingt das am besten, wenn wir uns Gott zuwenden und um seine Führung bitten.

Die *Angst vor Tieren* symbolisiert eine Unfähigkeit, auf Unbekanntes, und sei es auch noch so klein und harmlos, unbefangen zuzugehen. Doch seelische Weiterentwicklung ist nur möglich, wenn wir vertrauen können.

Platzangst ist Ausdruck der Schwierigkeit, die Größe und Weite der Schöpfung in sich aufzunehmen. Hilfreich ist es, wenn Sie verstehen, dass es nicht notwendig ist, alles auf der Welt zu begreifen und in sich aufzunehmen.

Bestimmt erinnern Sie sich an eine Situation in Ihrem Leben, in der Sie sich vollkommen sicher und geborgen fühlten. Halten Sie diesen schönen Gedanken fest und lassen Sie sich von den Anleitungen im folgenden Bildgebet führen:

Bildgebet

Schließen Sie Ihre Augen, und versetzen Sie sich in eine angenehme Situation zurück. Spüren Sie das Glücksgefühl und die Sicherheit, die Sie erlebten. Stellen Sie sich nun vor, dass Gott an Ihrer Seite steht und dafür sorgt, dass das Gute, das Sie erleben, erhalten bleibt.

Falten Sie nun, während Sie sich vollkommen sicher und wohl fühlen, Ihre Hände. In diese Berührung Ihrer Hände legen Sie Ihr Wohlgefühl. Öffnen Sie die Augen, und kehren Sie ins Hier und Jetzt zurück.

Schließen Sie dann wieder die Augen, und denken Sie an eine Situation, in der Sie Angst hatten. Bleiben Sie bei dieser Vorstellung und bei Ihren Gefühlen. Wenn Sie merken, dass Sie tatsächlich beginnen, Angst zu fühlen, falten Sie Ihre Hände, und holen Sie das Wohlgefühl und Gottes spürbare Gegenwart damit in diesen Moment.

Sie werden feststellen, dass nicht beides sein kann: Angst und die Geborgenheit in Gott. Sie können mit Gottes Hilfe Ihre Ängste besiegen.

Depressionen

Allen Depressionen und depressiven Verstimmungen ist gemeinsam, dass den Betroffenen das Gefühl des Lebenssinnes abhanden gekommen ist. Wenn man um die Wurzel der Depression weiß, kennt man auch einen Weg zur Heilung: das Gebet, mit dem wir Gott bitten, uns dabei zu helfen, wieder einen Lebenssinn zu finden.

HILF MIR AUS DUNKLEM TAL

Mir scheint, ich bin in einem dunklen Tal,
wo kein Licht ist und kein Weg nach oben.
Jeder meiner Schritte wird zur Qual,
ich fühle mich hinabgezogen.

Doch ahne ich, Du, Gott, bist Licht,
Du bist der Weg, der hoch zum Gipfel geht,
Du bist die Sonne, die die Macht des Dunkels bricht,
Du bist mein Gott, der mich versteht.

Ich bitte Dich, reich mir die Hand.
Hilf mir, den Blick emporzurichten!
Erhelle mir mein Herz und den Verstand,
und auch das tiefste Dunkel wird sich lichten.

Du, Gott, bist das reine Glück.
Du, mein Gott, bist Heiterkeit.
Du, mein Gott, bist frohe Leichtigkeit.
Oh, führe mich zu Dir zurück.

Denn Du bist das Licht und die Liebe und das Leben.

Amen.

Wenn wir uns traurig und leer fühlen, scheint ein Gewicht auf unseren Schultern zu lasten, das uns niederdrückt. Im Lateinischen heißt niederdrücken »deprimere«. Daher kommt das Wort »Depression«. »Niedergeschlagenheit« beschreibt genau das Gefühl, das Menschen haben, wenn sie sich so traurig fühlen, dass sie sich kaum noch zu etwas aufraffen können. Wohl jeder Mensch kennt Zeiten, in

Die Ursachen für dieses Gefühl der Sinnlosigkeit liegen wiederum in Ängsten, Schuldgefühlen und einem Mangel an Selbstwertgefühl.

Sinn im Leben finden

Den Sinn im Leben wieder zu finden kann schwer fallen. Jemand, der seine Arbeit verloren hat und nun auf Sozialhilfe angewiesen ist, um sich und seine Familie zu ernähren, sieht sich aus sei-

---

KRAFTGEDANKE

Das Licht meines Lebens bist Du – Du führst mich aus dem dunklen Tal.

Ich bin frei und froh, geborgen in Gott und seiner Güte.

Ich hebe die Augen auf zu Dir, mein Gott, und erblicke das Licht.

Alle Wege führen nach oben, hinauf zu Dir, oh Gott, Gipfel des Glücks.

In der Tiefe meiner Seele leuchtet immer heller das göttliche Licht.

---

denen er »bedrückt« ist: durch traurige Ereignisse in seinem Leben, durch den Verlust eines Menschen, durch eine Krankheit oder durch Arbeitslosigkeit.

Depression ist kein Ausdruck von Charakterschwäche oder eines schwachen Willens. Wir können ein seelisches Tief nicht dadurch überwinden, dass wir uns »zusammenreißen«.

Doch wir können eine Möglichkeit nutzen, die uns in jeder Not zur Verfügung steht: Wir können uns im Gebet an Gott wenden und ihn darum bitten, uns aus dem Dunkel wieder ins Licht zu führen.

Die Wurzel der Depression liegt in dem Gefühl, dass das Leben sinnlos ist.

nem Lebenszusammenhang herausgerissen, der ihm bisher Sinn, Ziel und Halt gab. Jemand, den starke Schuldgefühle plagen, denkt vielleicht, dass die Welt ohne ihn besser dran wäre. Jemand, der eine tiefe Angst in sich trägt, findet es möglicherweise unerträglich, weiter mit dieser Angst zu leben, und stellt daher sein Leben insgesamt in Frage.

Doch auch die schwerste Lebenskrise kann mit Gottes Hilfe überwunden werden. Wenn Sie in einer depressiven Phase sind, können Sie sich vielleicht gar nicht vorstellen, wie Gott Ihnen helfen könnte. Doch Gott hilft immer, wenn wir ihn darum bitten. Wir wissen nicht, wie,

Aber wir können versichert sein, dass Gott uns beisteht. Oft kommt seine Hilfe in einer Art und Weise, die wir überhaupt nicht erwartet haben. Aber sie kommt.

Wenn es uns gelingt, uns in der Niedergedrücktheit an Gott zu wenden, haben wir den wichtigsten Schritt getan, der unserem Leben Sinn gibt.

Die Depression ist ein Signal unserer Seele, dass wir nicht so weitermachen können wie bisher. Wenn auch die Depression durch ein bestimmtes Ereignis, zum Beispiel durch den Verlust eines lieben Menschen (der ja nicht wirklich verloren ist!) oder durch die Kündigung des Arbeitsplatzes, ausgelöst wird – der Mangel an Sinnerfüllung und an Nähe zu Gott bestand schon zuvor!

Eine Depression ist auch eine Chance. Der Mangel an Sinnhaftigkeit wird offenbar, was natürlich schmerzhaft ist. Doch indem uns der Mangel deutlich wird, können wir uns endlich auf den Weg machen, ihn zu beheben.

Noch ein Wort zu Psychopharmaka: Manchmal, wenn eine Depression so schwerwiegend ist, dass der Betroffene sich zu überhaupt nichts mehr aufraffen kann, ist es wichtig, sich von der modernen Medizin helfen zu lassen. Es ist ein Fehler, Psychopharmaka grundsätzlich abzulehnen. Die neuesten Antidepressiva haben praktisch keine Nebenwirkungen und ermöglichen es den Betroffenen oft erst, etwas gegen die Wurzeln ihrer Depression zu unternehmen und aktiv zu werden. Wir sollten dabei nicht vergessen, dass sich Gott auch in diesen Dingen offenbart – auch über den Arzt und über notwendige Medikamente kann Gott heilen! Natürlich können Medikamente nicht dafür sorgen, dass jemand wieder einen Sinn in seinem Leben findet! Medikamente allein heilen keine Depression, sondern ermöglichen nur die Heilung. Das wahre Heil kommt allein aus Gott.

Menschen, die in eine tiefe Depression geraten sind, brauchen Unterstützung durch Psychotherapeuten oder Fachärzte, die ihnen helfen, wieder ins Gleichgewicht zu kommen – und sie brauchen Gott, der die tatsächliche Kraft hinter der Wirkung der Medikamente und hinter dem Handeln der Helfer ist.

Nur Gott kann dabei helfen, wieder einen Lebenssinn zu finden. Mit dem folgenden Bildgebet schildern Sie Gott anschaulich Ihre Bedürfnisse.

Bildgebet

Stellen Sie sich vor, Sie säßen im Dunkel eines tiefen Tales.
Sie machen sich auf den Weg aus dem Dunkel, doch Sie
wissen nicht, wie.

Sie rufen in Ihrem Geist Gott – und plötzlich fällt von oben
ein Lichtstrahl auf Sie.

Aus dem Lichtstrahl wird ein starkes, strahlendes Kletter-
seil, an dem Sie Halt finden und das Ihnen den Weg nach
oben erleichtert.

Sie beginnen den Aufstieg. Immer wenn Sie den Mut zu
verlieren drohen, rufen Sie Gott – und ein neuer Lichtstrahl
kommt von oben herab, um Ihnen mit einem neuen
Hilfsmittel beizustehen. Schließlich erreichen Sie den Rand
des dunklen Tales. Es ist nun schon viel heller geworden.

Sie klettern über den Rand und blicken voller Freude und
Dankbarkeit in die Weite – und am Horizont geht die
Sonne auf.

Sexuelle Probleme

Gott hat uns mit der Sexualität eine der stärksten Lebensenergien mitgegeben. Gott will, dass sich Mann und Frau aneinander freuen. Bei immer mehr Menschen aber ist diese Freude getrübt, wenn es bei der körperlichen Liebe nicht mehr so ohne weiteres »funktioniert«.

ALLE FREUDE IST DEIN LOB

Ich habe Angst, Gott, zu versagen.
Ich habe Angst, nicht mehr geliebt zu werden,
wenn ich in der Liebe nicht vollkommen bin.
Ist denn mein Leben schon vorbei?
Bin ich schon alt geworden?

Ich fühle noch die Lust in mir,
ich weiß nicht, ob das richtig ist,
doch sehne ich mich
nach Wärme und Nähe und Erfüllung.

Ich bitte Dich, mein Gott:
Befreie mich von meinen Ängsten,
lass mich die körperliche Liebe noch genießen,
erlöse mich von dem Wahn,
in der Liebe etwas leisten zu müssen.

Du, Herr, hast Mann und Frau geschaffen,
damit sie sich vereinigen in Freude.
Bitte, schenke mir die Einsicht,
dass mein Wunsch nicht Sünde ist.
Bitte, nimm den Zwang von mir, und gib mir Freude.
Denn alle Freude ist Dein Lob.

Amen.

Besonders Männer, denen das zunehmende Selbstbewusstsein der Frauen zu schaffen macht, sind von der Angst vor sexuellen Störungen betroffen. Hinzu kommt, dass seit geraumer Zeit selbst in den Bereich der Sexualität das übertriebene Leistungsdenken unserer Gesellschaft Einzug gehalten hat. Männer, aber auch Frauen haben Angst zu »versagen« – und diese Angst führt nicht selten dazu, dass tatsächlich sexuelle Probleme wie beispielsweise Impotenz oder Frigidität auftreten.

Leidet jemand unter einer sexuellen Störung, wird er sich in der Regel zuerst einmal Sorgen darüber machen, dass bei

Was ist für eine erfüllte Sexualität wirklich wichtig?

An erster Stelle die Liebe zum Partner, dann ein wenig Neugier auf den anderen, die Lust, gemeinsam Neues zu entdecken, und schließlich die seelische Übereinstimmung.

Wenn diese drei Voraussetzungen gegeben sind, wird die Partnerschaft glücklich sein, und es werden keine sexuellen Probleme auftreten. In der Sexualität ist es wie mit vielen Dingen in unserem Leben: Wenn wir etwas leisten müssen und unter Druck stehen, wird nichts so gut gelingen, wie wenn wir entspannt sind und wahre Freude empfinden.

KRAFTGEDANKE

Ich empfinde all die Freude, Herr, für die Du mich geschaffen hast.

Ich muss nichts leisten, um zu lieben und geliebt zu werden.

Hilf mir, Gott, die Freude zu schenken, die in mir ist,

Ich bin frei zu lieben – ich danke Dir, oh Gott, für Dein Geschenk.

Liebe und Lachen – beides kommt aus Dir, mein Gott.

---

ihm körperlich etwas nicht in Ordnung sein könnte. Doch bei weit über 90 Prozent aller sexuellen Probleme liegt keine organische Ursache zugrunde.

Das ist nicht besonders erstaunlich, wenn man bedenkt, dass der größere Teil der menschlichen Sexualität sich nun einmal »im Kopf« abspielt, nämlich in Form von Phantasien, Ängsten, Gefühlen und von Gedanken.

Gott hat uns auch die Freude an der Sexualität gegeben

Mit Gottes Hilfe können wir unsere Sexualität erfüllter gestalten. Manche gläubigen Menschen haben Schwierigkeiten damit, sich mit sexuellen Problemen an Gott zu wenden. Leider spukt in vielen Köpfen immer noch die Vorstellung herum, dass Sex etwas Schmutziges, Sündhaftes, Unanständiges sei.

Das ist doch aber eine eigenartige Vorstellung: Warum sollte Gott uns die ursprüngliche Freude an unserer Sexualität denn gegeben haben, wenn er sie nicht auch wünschte? Wenn Sie mit Ihrer Sexualität Sorgen haben, sind das Sorgen, mit denen Sie sich an Gott wenden können. Gott ist kein »Potenzmittel«, doch Gott ist das höchste Prinzip der Liebe!

Bei den meisten sexuellen Problemen steht keine körperliche Krankheit im Hintergrund. Die Schwierigkeiten im Liebesleben rühren vielmehr von Ängsten und seelischen Blockaden her.

Wenn wir Gott bei diesen Problemen um Hilfe bitten, dann geht es also darum, mehr Entspanntheit, mehr Genussfähigkeit und mehr reine Freude zu erreichen. Die Liebe, auch die körperliche Liebe, ist kein Leistungssport.

Die Wärme der Gefühle kann keine noch so ausgefeilte »Liebestechnik« ersetzen. Gott ist kein Aphrodisiakum – doch eine Liebe, die von Gott gesegnet ist, wird stets eine erfüllte Liebe sein.

Das Bildgebet auf der folgenden Seite können Sie auch gemeinsam mit Ihrem Partner beten!

DAS GEBOT DER LIEBE

Ohne Liebe, ohne Menschlichkeit im Herzen
und ohne Dankbarkeit gegen den,
dessen Gebot Liebe und Erbarmen ist
und dessen große Eigenschaft
Wohlwollen ist gegen alles, was atmet,
kann man wahres Glück nicht erlangen.

CHARLES DICKENS (1812–1870)

Schließen Sie die Augen, und stellen Sie sich Ihren Partner vor. Mit Ihrem inneren Auge sehen Sie die Liebe, die in Ihrem Partner ist, als warmes, von innen herausstrahlendes Licht.

Nähern Sie sich in Ihrer Vorstellung Ihrem Partner, und nehmen Sie seine/ihre Hände in Ihre Hände.

Spüren Sie, wie sich Ihre Liebesenergien begegnen und eins werden – und indem sie eins werden, werden sie auch eins mit einem viel stärkeren, größeren Licht, das die höchste Liebe symbolisiert: mit der Liebe Gottes.

Kraftlosigkeit

Jeder kennt Zeiten, in denen er sich müde und abgeschlagen fühlt, wo er seiner Trägheit nichts entgegensetzen kann und zu nichts richtig Lust hat. Das ist ganz natürlich – die Seele gibt uns damit ein Signal, dass wir uns ein wenig zurücknehmen und etwas Ruhe gönnen sollten. Diese kurze Kraftlosigkeit stellt für die wenigsten Menschen ein Problem dar.

ZEIG MIR MEIN ZIEL

Mein Gott, ich fühle mich schwach und kraftlos,
ich möchte gern, doch ich kann einfach nicht.
Ich bitte Dich: Zeig mir den Weg!

Ich denke oft, dass ich mehr tun müsste,
ich denke oft, dass ich zu faul bin,
ich denke oft, dass ich Dir wenig Freude mache.
Darum bitte ich Dich: Zeig mir den Weg!

Ich verstehe, dass nicht mein Wille zählt,
auch wenn ich so manches will.
Ich verstehe, dass Dein Wille geschehe,
und ich weiß, dass Dein Wille das Beste für mich will.

Jetzt begreife ich, dass es mir nicht an Kraft fehlt,
sondern nur am rechten Ziel, das Kraft in sich trägt.
Jetzt begreife ich, dass ich nur mein Ziel finden muss,
mein Ziel, das mich mühelos bewegt.
Ich bitte Dich: Hilf mir, mein Ziel zu finden!

Das höchste Ziel bist Du, oh Gott,
und Du weißt, wo meine Bestimmung liegt.
Und voll Vertrauen bitte ich Dich:
Oh Gott, zeig mir mein Ziel und meinen Weg!

Amen.

Doch was ist, wenn die Antriebslosigkeit zum Dauerzustand wird und das Leben bestimmt? Es gibt Menschen, die sehr darunter leiden, dass sie nichts durchhalten können, dass es ihnen schwer fällt, sich zu motivieren und etwas in Angriff zu nehmen. Sie möchten wohl – aber sie können nicht. Andere sagen ihnen (oder denken sich zumindest), dass sie doch nur faul seien und sich einfach einmal »zusammenreißen« müssten. Die Betroffenen denken sich das vielleicht selbst und klagen sich und ihre Faulheit an. Doch die »Trägheit« ist mit Willenskraft nicht zu bekämpfen, denn dazu müsste man sich ja erst einmal aufraffen – und das ist ja gerade das Problem.

der ständig träge ist, hat doch genug Ruhe – könnte man zumindest meinen. In Wirklichkeit jedoch sind antriebslose Menschen permanentem Stress ausgesetzt. Sie selbst und andere stellen ständig Anforderungen an sie, die sie nicht erfüllen können, und das erhöht den Stress noch mehr. Menschen, die unter einem Mangel an Energie leiden, haben es in unserer auf Leistung ausgerichteten Gesellschaft besonders schwer. Die Anforderungen des Alltags drängen sie, ihre

---

KRAFTGEDANKE

Voll Kraft und voll Vertrauen in Gottes Hilfe gehe ich meinen Weg.

Ich vertraue auf Gott, und so finde ich mein Ziel.

Hilf mir, Gott, mich selbst zu finden und mein Ziel.

Ich liebe mich, wie ich bin, denn Gott führt mich auf meinem Weg.

Mit jedem Gedanken an Gott komme ich meiner Bestimmung näher.

Natürlich liegt es in einer solchen Situation nahe, sich an Gott zu wenden. Doch es ist nicht damit getan, Gott einfach um mehr Tatkraft zu bitten. Unsere Seele schickt uns mit dem Symptom »Trägheit« eine Botschaft. Im Grunde ist das zunächst einmal dieselbe wie bei kurzfristiger Kraftlosigkeit: Gönne dir mehr Ruhe, und besinne dich! Aber jemand,

letzten Energiereserven für Dinge einzusetzen, die der Bewältigung ihrer Probleme eher entgegenstehen.

Neue Kraft gewinnen

Um Kraftlosigkeit, Antriebslosigkeit und Trägheit zu überwinden, ist es nicht notwendig zu »kämpfen«. Aktivieren Sie sich in kleinen Schritten, nehmen Sie sich nicht zu viel vor, sondern steigern Sie Ihre Aktivitäten lustvoll – aber unbedingt regelmäßig. Nehmen Sie sich beispielsweise vor, jeden Abend fünf Minuten lang spazieren zu gehen. Sie werden feststellen, dass Ihre Antriebskraft wie ein Muskel geübt werden kann und jedes kleine Überwinden der Trägheit eine Belohnung in sich trägt! Gleichzeitig ist es ganz besonders wichtig, an den Ursachen zu arbeiten. Und dabei kann Ihnen das Gebet eine wertvolle Hilfe sein. Lassen Sie sich von Gott an die Hand nehmen und von ihm den Weg zeigen.

Mögliche Bedeutung

Ihre Seele will Ihnen mit dem Symptom »Kraftlosigkeit« einen Hinweis darauf geben, dass Sie in Ihrem Leben etwas verändern sollten. Der Mangel an Energie zwingt Sie dazu, sich nicht in Aktivitäten zu verlieren, die Sie von dem für Sie sinnvollen Weg abbringen.

Die Hauptursache für einen Mangel an Energie ist die fehlende Motivation. Motivation ist das, was Sie in Bewegung setzt. Wenn Sie das Ziel für sich gefunden haben, das es wirklich wert ist, werden Sie spüren, wie Ihnen ungeahnte Energien zufließen. Ziele, die wirklich motivieren, haben ganz bestimmte Eigenschaften. Stellen Sie sich ein paar Fragen, und vertiefen Sie sich in sie:

1. Was ist mein genaues Ziel?

Ein wahres Ziel muss konkret sein; es sollte positiv formuliert werden und keine Vergleiche beinhalten, sollte einen bestimmten Zeitrahmen setzen und durch eigene Kraft erreichbar sein.

2. Welche Werte verwirklicht mein Ziel?

Sie haben verschiedene Wertvorstellungen, die in alle Ihre Handlungen einfließen. Machen Sie sich bewusst, welche davon hinter Ihrem Ziel stehen.

3. Wie fühle ich, dass ich mein Ziel erreicht habe?

Machen Sie sich bewusst, wie es sich genau anfühlt, wenn Sie Ihr Ziel erreicht haben. Was tun Sie dann, welche Gefühle und Empfindungen haben Sie usw.?

4. Was hat sich in meinem Leben verändert, wenn ich mein Ziel erreicht habe?

Werden Sie ganz konkret: Welche Bestandteile Ihres Lebens werden Sie verändern, wenn Sie Ihr Ziel erreichen?

5. Was geht mir durch das Erreichen meines Zieles eventuell verloren?

Es ist ganz wichtig, dass Sie sich auch negative Konsequenzen bewusst machen!

6. Welche Fähigkeiten benötige ich, um mein Ziel zu erreichen?

Welche Kenntnisse, Fähigkeiten, Eigenschaften benötigen Sie? Wann hatten Sie diese schon einmal?

7. Weshalb mache ich mich nicht jetzt sofort auf den Weg zu meinem Ziel?

Diese Fragen sind sehr hilfreich dabei, die Dinge zu klären und Ihre Motivation zu erhöhen. Doch das richtige Ziel können Sie nicht einfach mit Ihrem Verstand finden. Nur Ihre von Gott inspirierte Seele weiß, was das richtige Ziel für Sie ist. Deshalb ist es nicht damit getan, Gott einfach um mehr Energie und Kraft zu bitten. Bitten Sie Gott im Gebet um Hilfe bei der Suche nach dem richtigen Ziel – denn dann wird sich Ihre Kraftlosigkeit in nichts auflösen!

Bildgebet

Mit wortlosen Gebeten können Sie Ihre Motivation noch weiter steigern – bis alle Kraftlosigkeit von Ihnen weicht, denn mit Gottes Hilfe ist nichts unmöglich.

Irgendwann in Ihrem Leben haben Sie die Kräfte gehabt, die Sie benötigen, um auf Ihr Ziel zuzugehen.

Schließen Sie die Augen, und suchen Sie in Ihrer Vergangenheit nach positiven Erfahrungen. Wenn Sie eine solche gefunden haben, versetzen Sie sich ganz in die damalige Situation. Fühlen Sie, wie Sie energiegeladen und voller Tatendrang waren. Spüren Sie, wie Ihre Seele damals von Gott inspiriert war – und kehren Sie dann mit diesem Gefühl in die Gegenwart zurück.

Gehen Sie nun mit diesem Gefühl in Ihrer Vorstellung in die Zukunft, in der Sie Ihr Ziel verwirklichen.

Spüren Sie, wie gut es sich anfühlt, das erreicht zu haben, was Sie sich vorgenommen haben. Spüren Sie, wie Ihre Seele sich aufschwingt und an Gottes wunderbarer Macht teilhat. Genießen Sie jetzt das Gefühl, Ihr Ziel mit Gottes Hilfe erreicht zu haben.

Kehren Sie dann mit diesem Gefühl in die Gegenwart zurück, und sprechen Sie einen Dank an Gott – und machen Sie sich auf den Weg zu Ihrem Ziel.

Schlafstörungen

Untersuchungen zeigen, dass Schlafentzug schneller zum Tod führt als Nahrungsentzug! Schon daran kann man erkennen, wie wichtig der Schlaf ist. Menschen, die schlecht schlafen, fühlen sich meist kraftlos, müde und depressiv. Auch körperliche Beschwerden sind oft die Folge von Schlafstörungen. Der Schlaf betrifft also unseren Körper wie unsere Seele gleichermaßen.

SEI DU MEIN HALT

Mein Gott, ich bitte Dich: Schenk mir meinen Schlaf.
Schenk mir die Ruhe, ruhig zu ruhen,
schenk mir Vertrauen, Dir zu vertraun.

Es kreisen meine Gedanken,
ich schlafe nicht und habe Angst davor.
Doch ist es wohl so,
dass ich auch Angst habe zu schlafen.
Ich bitte Dich, oh Herr:
Gib mir Mut.

Es kreisen meine Gedanken,
ich bin voller Unrast und bleibe doch stehn.
Es ist wohl so,
dass die Unrast der Gedanken mich nicht weiterbringt.
Ich bitte Dich, oh Herr:
Gib mir Frieden.

Es kreisen meine Gedanken,
ich finde keinen Halt, an dem ich sie anhalten kann.
Es ist wohl so,
dass ich keinen rechten Halt im Leben habe.
Doch ich weiß, oh Herr:
Du bist mein Halt.

Amen.

Die wichtigsten Vorgänge im Schlaf sind wohl die Träume. In der Bibel finden sich zahlreiche Stellen, in denen Träume eine Rolle spielen. Interessanterweise sind die althebräischen Worte für »träumen« und für »sehen« identisch – »träumen« heißt also »sehen«, nur auf einer anderen Ebene. Was die Propheten in ihren Träumen sahen, war von besonderer Bedeutung. Selbst in den Träumen von Ungläubigen sandte Gott Botschaften – denken wir nur an den Traum des Pharao von den sieben fetten und den sieben mageren Kühen, die sieben gute und sieben schlechte Ernten symbolisierten (1. Mose, 41, 1–32). Manche Wissenschaftler betrachten Träume als eine Art »Reparaturmechanismus« für das Gehirn oder als automatische Tätigkeit unseres Gehirns, bei der Erfahrungen geordnet und gefiltert werden. Andere Forscher behaupten gar, dass Träume nur das zufällige Ergebnis der nächtlichen Tätigkeit des schlafenden Gehirns sind. Keine dieser Theorien kann jedoch erklären, welch bedeutende Wirkung Träume manchmal auf den Träumenden haben können. Mir scheint, dass es sich schwer leugnen lässt, dass unsere Träume wichtig sind und Bedeutung tragen. Wie können wir aber die Bedeutung der Träume entschlüsseln? Wenn wir wissen, dass Gott in unseren Träumen zu uns spricht, werden wir ihnen mehr Aufmerksamkeit schenken und sie besser verstehen können. Traumlexika, die jedem Gegenstand im Traum eine konkrete Bedeutung zuschreiben, sind dabei keine große Hilfe. Viel besser ist es, wenn Sie auf Ihre innere Stimme hören. Wenn Sie glauben, die Bedeutung einer Ihrer Träume erkannt zu haben, und Ihre innere Stimme sagt Ihnen: »Ja, das stimmt – das ist es!«, dann haben Sie die Botschaft des Traumes verstanden. Es ist überdies nicht verkehrt, Gott um Hilfe zu bitten, wenn man von einem Traum verwirrt, verunsichert oder geängstigt wird und seine Bedeutung nicht versteht. Behandeln Sie Ihre Träume mit Respekt, und denken Sie über sie nach. Gott ist Ihnen im Traum ganz nahe!

KRAFTGEDANKE

Ich will nicht einschlafen – ich schlafe ein.

Du, Gott, bist mein Halt. Du, Gott, bist mein Ziel. Du, Gott, wachst für mich.

Fröhlich sein werde ich, wenn ich nicht schlafe, und fröhlich, wenn doch.

Die Ruhe kommt von selbst, öffne ich nur mein Herz.

Voller Mut ist mein Herz und voll von Gott. Ich wandere ins Land der Träume

Was uns den Schlaf raubt

Die meisten Schlafstörungen haben vor allem seelische Wurzeln, wie Sorgen, Ängste, negative Gedanken, Belastungen, Depressionen usw.

Was allen Schlafstörungen gemeinsam ist, ist das Kreisen der Gedanken, das den Schlaf fern hält. Dieses Kreisen ist für den Betroffenen unaufhaltsam – da es ihm an Halt und Vertrauen fehlt: Wenn er vertrauensvoll seine Aufmerksamkeit auf eine angenehme Sache richten könnte, würde er einschlafen.

Wenn uns Sorgen im Griff haben, wenn wir verzweifelt sind, dann stört das unseren Schlaf. Aber auch unterdrückte und verdrängte Probleme können sich in Schlafstörungen äußern. Unsere Seele macht uns darauf aufmerksam, dass wir innerlich zur Ruhe kommen müssen – doch dass dafür ein wichtiger Schritt zu tun ist, nämlich Vertrauen zu Gott zu fassen und einen Halt in ihm zu finden.

Folgendes möchte ich Ihnen raten, wenn Sie unter Schlafstörungen leiden: Verzichten Sie ein paar Tage lang auf Fernsehen. Gehen Sie jeden Abend vor dem Schlafengehen mindestens eine Viertelstunde spazieren, und versuchen Sie, Ihre Umgebung möglichst aufmerksam wahrzunehmen. Essen Sie eine Stunde vor dem Schlafengehen nichts mehr; auch eine ausgewogene Ernährung und das Vermeiden fetten Essens am Abend hilft dabei, die Voraussetzungen für einen ungestörten Schlaf zu schaffen.

Und das Wichtigste: Beschließen Sie den Tag mit einem Gebet, indem Sie sich Gott anvertrauen und ihn um Hilfe bitten. Mit Vertrauen zu Gott wird es Ihnen gelingen, wieder ruhig und fest zu schlafen.

Den Willen ausschalten

Was uns am meisten vom Schlaf abhält, ist unser Wille, der ständig sagt: Ich will einschlafen. Doch die Seele weist uns darauf hin, dass eben nicht unser Wille geschieht, sondern der Gottes. Deshalb können Schlafstörungen meist dadurch wesentlich gebessert werden, dass wir den Willen ausschalten. Daher beginnt auch einer der Kraftgedanken auf der vorhergehenden Seite mit: »Ich will nicht einschlafen …« – denn wenn wir den Schlaf nicht mehr mit der Macht unseres Willens herbeizwingen wollen, dann kann er leichter kommen.

Eine andere erfolgversprechende Möglichkeit gegen Schlafstörungen ist ein wortloses Gebet wie das auf der folgenden Seite. Unsere bewussten, kreisenden Gedanken sind in der Regel Wortgedanken. Wenn wir nun ein wortloses Gebet verrichten, können wir nicht gleichzeitig unseren Gedanken nachgehen – und so finden wir endlich zu unserem Schlaf.

Bildgebet

Stellen Sie sich vor, Sie stehen auf einem Berg.

Unten im Tal warten der Schlaf, die Ruhe und
Gottes schützende Gegenwart auf Sie.

Schritt für Schritt steigen Sie nun
hinab – Sie machen jeden Schritt aufmerksam
und spüren, wie Sie immer tiefer hinabsteigen,
und das fühlt sich sehr angenehm an.

Jeder Schritt bringt Sie weiter von der »Höhe
des Bewusstseins« ins »Tal der Träume» hinab,
und Sie schlafen ein.

Wut, Hass, Aggression

Negative Gefühle wie Wut, Hass, Aggressionen, Eifersucht oder Neid entfernen uns von Gott. Diese Gefühle bewirken nie etwas Positives, sondern verursachen im Endeffekt nur Leiden. Was alle diese negativen Gefühle aber auflösen kann, ist die Liebe.

FÜLLE MICH MIT LIEBE

Oh Gott, der Du Liebe bist,
fülle mich mit Deiner Güte.

Ich fühle, dass ich auf dem falschen Weg bin,
und es fällt mir schwer, den rechten Weg zu sehn.
Ich weiß, dass ich mich verliere,
und es fällt mir schwer, mich selbst zu finden.
Ich spüre, dass ich mir und andren schade,
doch fällt's mir schwer, an mich zu halten.

Darum halte ich mich an Dich, mein Gott,
ich bitte Dich, zeig mir den rechten Weg,
ich will den falschen Weg nicht gehen,
doch etwas zieht mich, und ich weiß nicht, was.
Ich bitte Dich, gib mir das Herz,
dem, was ich selbst als falsch erkenne,
mit Liebe und mit Nachsicht fest zu widerstehn.

Ich wende mich zu Dir, mein Gott,
ich lasse nun das Schlechte hinter mir.

Oh Gott, der Du Liebe bist,
fülle mich mit Deiner Güte.

Amen.

Wir Menschen sind eben nicht vollkommen, sondern es ist uns zur Aufgabe gestellt, uns zu vervollkommnen. Und dazu gehört, dass wir uns darum bemühen, uns von negativen Gedanken und Gefühlen zu befreien. Man sollte meinen, dass das nicht so schwer ist; schließlich fügen wir nicht nur anderen Leid zu, wenn wir aggressiv werden, Wut oder Hass ausleben, eifersüchtig oder neidisch sind –

ren. Warum aber werden dann viele Menschen von solchen Gefühlen und Gedanken beherrscht? Warum bürden wir uns überhaupt solche Lasten auf?

Ich denke, dass negative Gedanken und Gefühle Symptome für bestimmte Fehlentwicklungen sind, Anzeichen dafür dass man in geistiger Hinsicht auf Irrwege geraten ist. Und wie alle Symptome haben auch diese einen positiven Aspekt: Sie können uns als Warnsignal dienen.

KRAFTGEDANKE

Ich fühle mich wohl, denn Gott ist bei mir und erfüllt mich mit Liebe.

Nur das Gute und die Liebe haben in meinem Herzen Platz.

Ich verzeihe. Ich liebe. Ich bin voll Nachsicht und voll Ruhe.

Mit Leichtigkeit und Freude kann ich alles Schlechte hinter mir lassen.

Herr, gib mir Deine Liebe, um die Lieblosigkeit zu überwinden.

---

zunächst einmal schaden wir uns selbst an Körper und Seele. Wir behindern unsere geistig-seelische Entwicklung, verschließen unser Herz vor Gott, der ja die reine Liebe ist, und halten Zufriedenheit und Glück von uns fern. In der Folge aber leidet auch unser Leib: Negative Gedanken und Gefühle bedeuten Stress, und Stress wirkt sich stets schädlich auf unsere Gesundheit aus.

Warum haben wir negative Gedanken?

Von welcher Seite wir es auch betrachten: Wut, Hass, Neid, Aggression und verwandte Gefühle schaden uns und ande-

Die Botschaft lautet: »Halt! Du bist auf dem falschen Weg – es ist Zeit umzukehren.« Wichtig ist nur, dass wir diese Botschaft hören!

Es ist schon erstaunlich, dass dieses Warnsignal von vielen Menschen nicht wahrgenommen wird. Schließlich fühlen sie sich selbst unglücklich, wenn sie hassen, wütend oder eifersüchtig, aggressiv oder neidisch sind. Ein Stück weit ist das ein Symptom einer Gesellschaft, die sich von Gott entfernt und in der negative Gefühle und Gedanken teils akzeptiert, wenn nicht sogar für gut geheißen werden: Wut und Hass können angeblich dann und wann berechtigt sein; Eifersucht erscheint als Ausdruck von Liebe; Neid soll natürlich sein und auf Ungerechtigkeiten hinweisen; wer nicht ein wenig aggressiv ist, kann angeblich keinen Erfolg im Leben, vor allem keinen Erfolg im Beruf haben – welch ein trauriger Unsinn!

Mögliche Bedeutungen

Wut entsteht, wenn etwas nicht so geschieht, wie man es gern hätte, wenn der Mensch das eigene Ego in den Mittelpunkt stellt und nicht Gott als das Zentrum betrachtet.

Hass, das destruktivste aller negativen Gefühle, will sogar das Objekt des Hasses aus der Welt schaffen – um dadurch die Mahnung an die eigene Unvollkommenheit zu zerstören.

Aggressionen richten sich stets gegen etwas von Gott Geschaffenes.

Eifersucht ist das Besitzenwollen eines anderen Menschen, um den eigenen Mangel an Liebe, auch an Liebe zu Gott, nicht wahrnehmen zu müssen.

Neid ist der Ausdruck der Unzufriedenheit mit sich selbst und eines Mangels an seelischer Stärke.

Wann immer wir Wut, Hass, Neid usw. verspüren, wissen wir, dass wir innehalten, uns besinnen und zu Gott zurückkehren sollten.

Auf der einen Seite ist das natürlich nicht immer einfach, da wir negative Gefühle und Gedanken sozusagen »gelernt« haben. Auf der anderen Seite haben wir es leicht: Wenn wir erkennen, dass die negativen Gefühle und Gedanken uns und anderen nur schaden, wenn wir sie als Warnsignale erkennen, wird es uns nicht mehr so schwer fallen, uns von ihnen zu verabschieden. Und wir haben jederzeit die Möglichkeit, Gott im Gebet um seine Hilfe zu bitten.

Es ist erstaunlich einfach, negative Gefühle und Gedanken zum Stillstand zu bringen – selbst für Menschen, die von solchen negativen Muster beherrscht werden. So mächtig diese Dinge auch auf den ersten Blick scheinen, so verschwinden sie angesichts der Gegenwart Gottes meist schnell. Die meisten Menschen, die davon hören, glauben das vielleicht zunächst kaum – und wenn sie die Erfahrung gemacht haben, wie leicht negative Gedanken und Gefühle überwunden werden können, sind sie sehr überrascht.

Es ist nur notwendig, sobald ein negativer Gedanke, ein Gefühl des Neides, der Wut, der Eifersucht usw. auftaucht, ganz kurz innezuhalten, ein paar Mal tief durchzuatmen und sich die Gegenwart Gottes in den Sinn zu rufen.

Das ist schon das ganze »Geheimnis«. Wo die Liebe Gottes gegenwärtig ist, kann das Negative keinen Raum haben. Es wird plötzlich klein und unwichtig, und der Betroffene spürt unmittelbar, wie Wut oder Eifersucht, Neid oder Aggressivität schwinden und ihn freier, leichter und zufriedener zurücklassen.

Würde nur jeder Mensch dieses kleine Geheimnis kennen und beherzigen, sähe die Welt schon viel liebevoller aus!

Sucht und Abhängigkeit

Wenn wir »Drogen« oder «Sucht« hören, denken wir in erster Linie an illegale Rauschmittel. Doch weitaus verbreiteter sind die erlaubten Suchtmittel Alkohol und Nikotin – und schließlich ist auch die Zahl der von Medikamenten abhängigenMenschen heute höher denn je.

BEFREIE MICH

Lieber Gott, ich bin gefangen,
habe mich verstrickt,
suche Halt in Dingen,
die mich festhalten und fesseln.

Es fällt mir schwer, den Weg zu sehen,
der wieder in die Freiheit führt,
denn diese Freiheit ist zu weit für mich,
und ich habe Angst.

Du, mein Gott, bist meine Rettung,
Du bist die Freiheit, die ich wirklich brauche,
Du kannst mein Halt und meine Freude sein,
mit Dir an meiner Seite gibt es keine Angst.

Ich weiß, ich muss geduldig sein,
ein wenig Mühsal ertragen,
ein wenig Mut zeigen, anstatt sogleich zu fliehen.
Ich weiß, ich muss mein Herz Dir öffnen,
dass Du mich leiten kannst,
mir Halt und Trost gibst.

Das zu tun, gelobe ich voll Freude,
denn Du bist meine Freiheit und mein Glück.

Amen.

Ist es Zufall, dass sich heute so viele Menschen in Abhängigkeit begeben? Ich glaube nicht. Es scheint mir vielmehr damit zusammenzuhängen, dass immer mehr Menschen eine große Leere in sich fühlen, dort, wo Glaube, Sinnhaftigkeit, Liebe – wo eigentlich Gott sein sollte. Und diese Leere versuchen sie vergeblich mit Rauschmitteln, mit Vergnügungen, mit Sex und Geld zu füllen. Alles, was die Betroffenen damit erreichen, ist eine kurze Betäubung, eine

Mögliche Bedeutungen

Abhängigkeit spielt sich vorwiegend auf seelischer Ebene ab und ist stets Ausdruck eines Mangels – meist eines Mangels an Liebe und Zuwendung und vor allem eines wahrhaftigen Lebenssinns.

Gott kann uns das alles geben: Liebe, Zuwendung und Sinn. Wir müssen ihm nur unser Herz öffnen und seine Hilfe annehmen. Von Abhängigkeiten können wir uns nur freimachen, wenn wir uns der Abhängigkeit bewusst werden, uns

KRAFTGEDANKE

In Dir, Gott, bin ich frei – mit Dir freue ich mich auf einen neuen Anfang.

Ich brauche nichts als Gott, um glücklich, frei und leicht zu sein.

Mein Gott, befreie mich: Ich gebe mich vertrauensvoll in Deine Hand.

Herr, gib mir Mut und Kraft, die Mauern zu durchbrechen, die mich halten.

Ich öffne Dir mein Herz und weiß, Du öffnest mir den Weg zur Freiheit.

Flucht für ein paar Minuten oder Stunden, ein momentanes Verschließen der Augen vor dem eigentlichen Mangel.

Heroin, Alkohol, Nikotin und Beruhigungs- oder Aufputschmittel erzeugen körperliche Abhängigkeit. Psychische Abhängigkeit kann dagegen von allem erzeugt werden, was uns Lustgewinn verschafft: Rauschmittel wie Haschisch, Schokolade oder Kaffee, Glücksspiele, Sex, bestimmte Verhaltensweisen, ja sogar bestimmte Menschen.

Doch dies alles führt nicht zwangsweise bei jedem Menschen zu einer krankhaften Abhängigkeit.

besinnen und die Ursachen unserer Abhängigkeit betrachten, wenn wir Gottes Hilfe annehmen und mit seiner Unterstützung sinnvollere Verhaltensweisen annehmen.

Was wir tun können

Wenn man sich von einer Sucht oder Abhängigkeit lösen möchte, muss man ein positives Ziel vor Augen haben. Es reicht nicht zu sagen: »Ich will nicht mehr rauchen.« Im Unterbewusstsein bleibt das Zauberwort »Rauchen« im Mittelpunkt – wer dauernd daran denkt, dass er nicht mehr rauchen will, denkt eben auch dauernd an das Rauchen. Es ist also wichtig, eine positive Alternative zu haben, die die »Vorteile« der Abhängigkeit enthält, aber nicht ihre Nachteile.

Die »Vorteile« sind in der Tat keine, die ein gesunder und heiterer Mensch als solche sehen würde – doch für jemanden, der hoffnungslos ist, ohne Perspektive, ohne Liebe und Zuwendung, ist die Flucht in den Rausch oft ein vermeintlicher »Vorteil« gegenüber der Trostlosigkeit seines Lebens.

Sucht ist keine Lösung

Die meisten Abhängigen erkennen durchaus, dass der Rausch nur ein kurzfristiger »Vorteil« sein mag, nie aber eine Lösung für bestehende Probleme. Doch sie sind auch nicht imstande, eine andere Lösung zu sehen. Dabei liegt doch die Lösung auf der Hand: Wir können uns jederzeit an Gott wenden! Durch das Gebet können wir uns leichter von Abhängigkeiten befreien.

Gott ist kein Richter, der für eine Sucht eine Strafe verhängt, er nimmt diejenigen, die sich vertrauensvoll an ihn wenden, an die Hand und führt sie aus der Abhängigkeit in ein freudiges und sinnerfülltes Leben.

Sich aus einer Abhängigkeit zu lösen ist meist sehr schwer. Bei körperlich süchtig machenden Substanzen, wie Heroin oder Alkohol, ist oft eine medizinische Begleitung notwendig, um unbeschadet aus der Sucht zu kommen und um nicht wieder rückfällig zu werden.

In jedem Fall aber hilft das Gebet, den Weg aus der Abhängigkeit zu erleichtern. Gerade auch wortlose Gebete sind hilfreich. Das könnte beispielsweise so aussehen wie in dem folgenden Bildgebet.

Bildgebet

Sie schließen die Augen und machen es sich ganz bequem. Achten Sie genau auf Ihren Atem, ohne ihn zu beeinflussen. Nach einer Weile beginnen Sie, ganz bewusst etwas tiefer und langsamer zu atmen. Spüren Sie bei jedem Atemzug, wie die Luft wohltuend in Ihre Lungen strömt.

Fühlen Sie, wie mit der Luft auch Gottes heilende und schützende Kraft in Ihren Körper gelangt. Stellen Sie sich bildlich vor, wie diese Kraft Ihren Leib durchdringt und reinigt.

Jede Zelle Ihres Körpers wird mit göttlicher Energie durchspült und von dem Abhängigkeit erzeugenden Bedürfnis befreit.

Beim Ausatmen stellen Sie sich vor, wie mit der Atemluft die »unreinen«, abhängigkeitsbetonten Gedanken Ihren Körper verlassen.

Machen Sie sich dieses Gebet zur Gewohnheit: Auch wenn Sie noch abhängig sind – führen Sie dieses Gebet durch, bevor Sie zur Zigarette, zu Alkohol oder zu anderen Drogen greifen. Sie werden feststellen, dass Gott Ihnen beisteht!

Du sollst mit dem Tod zufrieden sein.
Warum machst du dir das Leben zur Pein?

Johann Wolfgang von Goethe (1749–1832)

Gebete für Alter und Sterben

Alter

Selbst wenn wir als Christen fest im Glauben verwurzelt sind, unbeirrbar auf die Auferstehung bei Gott vertrauen und den Tod unseres irdischen Körpers nicht fürchten, bleibt doch immer noch bei den meisten von uns die Angst vor dem Älterwerden bestehen.

DIE SCHÖNHEIT DES ALTERS

Manchmal wär ich gerne wieder jung, Herr.
Ich weiß, dass die Erinnerung mich trügt,
die sagt, dass früher alles besser war.
Und doch fühl ich die Sehnsucht
nach jugendlicher Torheit.

Lass mich in Würde altern, Herr.
Hilf mir sehn,
dass auch im Alter Schönheit ist.
Erfahrung, Weisheit und Verstehn,
Einheit von Werden und Vergehn,
das tun, was wirklich wichtig ist.

Ich danke Dir, dass Du mir zeigst,
wie wunderbar das Leben ist,
wie wundervoll das Leben war,
wie wunderbar es sein wird,
wenn ich das tue, was Du von mir willst.

Ich werde nicht klagen über mein Alter,
ich werde fröhlich sein und älter werden,
denn mit dem Alter kommt die Weisheit,
und mein Herz öffnet sich Dir, mein Gott.

Amen.

Die Furcht vor dem Alter kommt daher, dass wir in unserem irdischen Tun oft zu stark gefangen sind. Unser Gesicht bekommt Falten, unsere körperliche Attraktivität und Leistungsfähigkeit lassen nach, die Welt wird immer schneller, so dass wir kaum noch mitkommen. Im Beruf lösen uns Jüngere ab, Freunde und Verwandte gehen uns voraus in das künftige Leben. Wir fürchten uns vor Verlusten.

Doch richten wir unseren Blick lieber auf das, was wir gewinnen können: Erfahrung, Weisheit, Freiheit von beruflichen Zwängen, Ruhe und Gelassenheit. All dies kann uns das Alter bringen, wenn wir würdevoll und bewusst altern.

Natürlich, wenn wir uns an all das klammern, was das Jungsein ausmacht, werden wir sicher nicht mit Freude altern. Wenn wir unseren Blick dagegen auf die positiven Seiten des Alters richten, werden wir die Jungen nicht mehr um ihre Jugend beneiden, sondern froh sein, nicht mehr mit ihnen konkurrieren zu müssen und so manche Torheit unserer Jugend hinter uns gelassen zu haben!

Einen Sinn im Leben finden

In Würde zu altern fällt leichter, wenn wir unser Leben stets mit Sinn füllen. In der Tat: Ein Leben in einem schwächer werdenden Körper, ohne sinnvolle Beschäftigung, ohne einen festen, aufrichtenden Glauben an das Wunderbare, das uns noch erwartet, ist traurig. Doch es ist nie zu spät, dem Leben Sinn zu geben. Selbst in hohem Alter können wir einen neuen Sinn finden, indem wir unsere Erfahrungen der Jugend weitergeben, indem wir lernen, indem wir uns mit Kunst und Musik beschäftigen und vor allem, indem wir uns aktiv Gott zuwenden.

KRAFTGEDANKE

Das Alter ist voll Schönheit, das Alter ist voll Kraft.

Hab Dank, mein Gott.

Ich freue mich, oh Gott, über jeden Augenblick, da Du ja bei mir bist.

Wie wunderbar, die Jugend und die arbeitsame Zeit geschafft zu haben!

Welch Glück, nun alt zu sein.

Und noch mehr Glück, das Du mir bringst!

Ein Blick zurück bringt Lächeln und Verstehen in mein Herz.

Hilfe im Gebet

Das Alter ist auch die Zeit der Stille. Diese Stille aber ist bei weitem keine Stummheit. Sie ist auch kein Schweigen, sondern sie ist die Stille des Gebets, der Zwiesprache mit Gott. Wenn wir im Alter lernen, mit Gott zu sprechen und uns von ihm leiten zu lassen, dann wird unser Alter auch voll Schönheit, Weisheit und Würde sein können.

Es ist nie zu spät, damit zu beginnen, ein sinnvolles, sinnerfülltes Leben zu führen. In einem wortlosen Gebet wie dem Bildgebet auf der folgenden Seite malen Sie ein Bild Ihres weiteren Lebens.

Wir alle werden alt wie ein Kleid; es ist ein ewiges Gesetz: Alles muss sterben. Wie sprossende Blätter am grünen Baum – das eine welkt, das andere wächst nach – , so sind die Geschlechter von Fleisch und Blut: Das eine stirbt, das andere reift heran.
(Sir. 14:17-18)

Der Gerechte aber, kommt auch sein Ende früh, geht in Gottes Ruhe ein. Denn ehrenvolles Alter besteht nicht in einem langen Leben und wird nicht an der Zahl der Jahre gemessen. Mehr als ein graues Haar bedeutet für die Menschen die Klugheit, und mehr als Greisenalter wiegt ein Leben ohne Tadel.
(Weish. 4:7-9)

Schließen Sie die Augen. Versuchen Sie, Ihren Geist möglichst frei von Gedanken und Alltagssorgen zu machen, und lassen Sie sich von Gott inspirieren: Bilder davon tauchen auf, was Sie mit Ihrer weiteren Lebenszeit Sinnvolles tun können.

Lassen Sie die Bilder frei fließen, bis Sie bei einem Bild das Gefühl haben: Ja – das könnte ein sinnvoller Weg für mich sein!

Malen Sie dieses Bild nun weiter aus. Was tun Sie genau? Wie erfüllt dieses Tun Ihr Leben? Was fühlen Sie?

Machen Sie einen »inneren Film«, der Ihr Leben von nun an darstellt. Es ist nicht wichtig, dass Sie dann ganz genau das tun, was Sie sich jetzt vorstellen. Die innere Vorstellung Ihres zukünftigen Lebens wird Ihnen jedoch mehr Klarheit darüber geben, ob der gewählte Weg der richtige ist.

Lassen Sie sich bei dieser Vorstellung von Gott anleiten, und versteifen Sie sich nicht auf »logische« Überlegungen. Gott vermag weitaus mehr als bloßer Menschenwille. Beten Sie mit Gottvertrauen, und Gott wird Ihnen beistehen!

Sterben

Die Zeit unseres Daseins in dieser Welt ist begrenzt. Alles Irdische ist der Vergänglichkeit unterworfen. Die Sonne, die Erde, die Sterne, das Weltall selbst folgen diesem Gesetz: Auch sie altern und werden schließlich sterben. Gott hat dies so eingerichtet. Und wer mag ernsthaft daran zweifeln, dass er es weise eingerichtet hat?

DER WUNDERBARE WEG ZU DIR

Oh Herr, noch fürchte ich den Tod.
Hilf mir die Torheit überwinden.
Angst wird Freude –
wie wunderbar, bei Dir zu sein!
Weinen wird Lachen –
wie herrlich ist, was kommen mag!
Sorgen werden Frohsinn –
wenn ich Dich endlich seh!

Nicht mit Tränen,
nicht mit Sorgenfalten,
nicht mit angsterfülltem Blick
will ich denn vor Dich treten,
sondern so, wie Du es willst:
mit einem hoffnungsfrohen Lächeln,
mit einer klaren, freien Stirn,
mit Augen voller Liebe, voller Freude.

Ich bitte Dich, mein Gott,
hilf denen, die noch warten sollen.
Hilf denen wieder lachen,
die weinen meinetwillen,
anstatt sich dann mit mir zu freun.

Amen.

In der Tat bezweifeln sehr viele im Grunde ihres Herzens die Richtigkeit der Begrenztheit des Lebens! Doch warum? Gibt es denn Ursache zu wünschen, dass die irdische Existenz ewig währen sollte?

Viele Menschen beklagen, dass auch sie einmal sterben müssen, ob sie nun Christen sind, einer anderen Religion angehören oder sogar Atheisten sind, die die Existenz Gottes verneinen und eigentlich keine Ursache haben, sich über die Tatsa-

Wir sprechen vom Paradies – das Leben nach dem Tode im »Paradies« wird unvergleichlich herrlicher und beglückender sein, als wir es uns jemals vorstellen können!

Der Tod ist nur ein Übergang

Menschen, die bereits tot waren, aber wieder ins Leben zurückgeholt wurden, haben eine Ahnung davon bekommen, welches Glück auf sie wartet. Fast alle, die »klinisch tot« waren und dann wiederbe-

---

KRAFTGEDANKE

Mit einem Lächeln trete ich vor Dich, oh Herr.

Bei Dir, durch Dich wird alles gut, oh Gott.

Ich gebe mich in Deine Hand und bitte Dich: Ach, führe mich, oh Herr.

Sterben ist nur Schein – die Wahrheit ist Erwachen in Gott.

Es wird nicht dunkel, es wird hell – oh wunderbares Licht, oh Gott.

---

che zu beklagen, dass sie selbst einmal nicht mehr existieren werden. Wie viel besser haben es doch wir Christen! Wir können in der Sicherheit leben, dass der Tod nicht das Ende ist, sondern vielmehr der Beginn eines wundervollen ewigen Lebens in der Gegenwart Gottes. Gott hat uns dessen versichert, und Christus hat es durch seine Auferstehung bewiesen.

Was nach dem Leben auf Erden kommt

Das künftige Leben in Gottes Angesicht ist so unvergleichlich mit dem irdischen Dasein, dass alle Vergleiche versagen.

lebt wurden, berichten von einem hellen, strahlenden Licht, von einem Abfallen aller Sorgen, aller Schmerzen und allen Kummers, von einem überwältigenden Glücksgefühl und mitunter sogar von einer Begegnung mit geliebten, bereits verstorbenen Menschen. Keiner der Wiederbelebten kam gern ins irdische Leben zurück. Doch ebenso war keiner der Menschen mit einer »Nahtodeserfahrung« unglücklich, da er von da an in der Gewissheit leben konnte, dass es nach dem Tode weiter geht – und dass der Tod nichts Böses ist, sondern nur ein Übergang zu einem anderen, einem unvorstellbar glücklichen Leben! Alle diese Menschen führten fortan ein sinnerfüllteres, besseres Leben, da sie die Stimme Gottes mit eigenen Ohren gehört und die Gewissheit des Lebens nach dem Tode mit eigenen Augen gesehen hatten.

Gott hilft uns

Wie kann es also sein, dass ein Christ Angst vor dem Tod hat? Natürlich haben wir Angst vor dem Sterben, wenn wir fürchten, dass es mit Schmerzen und Leid verbunden ist. Natürlich haben wir Angst davor, dass ein geliebter Mensch stirbt, den wir dann vermissen und erst am Tage der Auferstehung wiedersehen werden. Natürlich ist jede Trennung schmerzhaft. Doch der Schmerz wird gelindert, wenn die Gewissheit eines Wiedersehens besteht.

Und diese Gewissheit können wir haben! Wenn die Zeit des Abschieds von dieser Welt naht, ist dies ein wenig traurig, da wir die verlassen, die wir lieben. Doch wie viel größer ist für einen Christen doch die Freude, seine Bewährungsprobe in dieser Welt bestanden zu haben.

Jesus Christus gab uns die Gewissheit der Auferstehung. Es gibt nichts zu fürchten: Gott ist gütiger, als wir Menschen es uns vorstellen können. Er nimmt uns zu sich auf. Wir werden die geliebten Menschen wiedersehen, die vor uns heimgingen, und freudig auf die warten, die nach uns heimkehren werden.

Das Bildgebet auf der folgenden Seite ist eine Vorbereitung auf die Heimkehr zu Gott. Wir wollen ein wortloses Gebet an Gott richten, das uns die Angst nimmt und uns Freude und Vertrauen gibt.

Gesät wird ein irdischer Leib,
auferweckt wird ein überirdischer Leib.
Wenn es einen irdischen Leib gibt,
gibt es auch einen überirdischen.
PAULUS, KORINTHERBRIEF

Bildgebet

Schließen Sie die Augen, und versuchen Sie, das helle,
klare Licht zu sehen, das Sie in der Stunde des Abschieds
wahrhaftig sehen werden.

Stellen Sie sich den schönsten Moment in Ihrem Erdenleben
vor, und erleben Sie, wie alle Ihre Sorgen, Nöte, Ängste und
Leiden von Ihnen abfallen.

Versuchen Sie, Ihren Leib mitleidsvoll von außen zu sehen.

Wenn Sie dieses stille Gebet an Gott richten,
bereiten Sie sich auf die Heimkehr vor –
Gott wird Ihnen beistehen.

Und alles wird weitaus herrlicher sein,
als Sie es sich erträumen.

Wie sich körperlich viele für krank halten,
ohne es zu sein,
so halten umgekehrt geistig sich viele für gesund,
die es nicht sind.

Georg Christoph Lichtenberg (1742–1799)

Gebete für Genesung und Gesundheit

Genesung

Wenn wir krank waren und uns nun wieder auf dem Weg der Besserung befinden, ist es ein guter Zeitpunkt, in uns hineinzuhorchen, Gott zu danken und uns seiner weiteren Hilfe zu versichern. Ist es nicht wunderbar zu spüren, wie wir wieder an Kräften gewinnen, wie uns die Krankheit verlässt und Gesundheit in uns einkehrt?

HERR, HILF MIR, HEIL ZU WERDEN

Hilf mir, Gott, heil zu werden.
Hilf mir zu erkennen, was das Rechte ist,
das, was mich heil macht.
Ich weiß wohl: Nicht Du hast mich krank gemacht, sondern ich.
Ich weiß wohl: Nicht aus mir kommt das Heil, sondern aus Dir.
Ich weiß wohl: Ich muss mich selbst erkennen,
ich muss Dich erkennen,
dann kann ich auf Deine Hilfe vertraun.

Schon spüre ich, wie die Krankheit und das Leiden schwinden,
das heißt: Ich spüre Deine Macht an mir.
Lass mich erkennen, wie ich Deiner Güte würdig bin.
Lass mich verstehn, wie ich mein Herz Dir öffnen kann.

Mit jedem Tag, der kommt, verspüre ich das Heil,
das aus Dir kommt und meinen Leib gesunden lässt,
das aus Dir kommt und meine Seele heilt.

Ich danke Dir aus ganzem Herzen,
will voll der Freude und der Liebe sein.
Das Kranksein war für mich ein Zeichen,
dass ich mein Leben ändern soll.

Wie wundervoll, oh Herr, dass Du mich leitest.

Amen.

Es ist gut, das Gesundwerden nicht als selbstverständlich anzusehen. Es ist eine Torheit zu sagen: »Wozu brauche ich Gebete? Warum soll ich Gott danken? Ich bin ja von selbst wieder gesund geworden!« Wenn man selbst alles bewirken kann, wenn man sich selbst heilen und Krankheit vertreiben kann – warum wurde man dann überhaupt erst krank?

Den Sinn der Krankheit erkennen

Wir werden von einer Krankheit genesen, wenn wir begreifen, was unsere Seele uns mit den Krankheitssymptomen sagen will. Denn sobald wir bereit sind, unser Leben zu verändern, ein besserer Mensch zu werden, werden die Krankheitssymptome überflüssig. Wenn wir um Gottes Hilfe bitten, uns seiner Leitung anvertrauen und uns leiten lassen – auch dann

---

KRAFTGEDANKE

Es ist so wundervoll zu spüren, wie Du mich heilst, oh Gott.

Dein Wort, oh Herr, gibt mir die Kraft, gesund zu werden.

Deine Liebe, mein Gott, macht mich gesund und heil.

Du hilfst mir, Gesundheit zu gewinnen – ich danke Dir aus ganzem Herzen.

Das Licht meines Lebens bist Du, oh Gott, Du machst mich heil.

Die Signale der Seele hören

Gott hat unsere Seele so wunderbar eingerichtet, dass sie uns warnt und Zeichen gibt, wenn wir vom rechten Weg abweichen oder abzuweichen drohen. Und diese Warnsignale erreichen uns als Krankheitssymptome, wenn wir unser Ohr nicht Gottes Stimme leihen.

Gottes Stimme nicht überhören

Gott drängt sich uns nicht auf. Er hat uns die Freiheit gegeben, jederzeit selbst zu entscheiden, ob wir ihn hören wollen oder nicht. Er spricht mit leiser Stimme, doch laut genug, dass ihn jeder hören kann, der ihn hören will.

werden die Symptome unnötig, und wir werden gesund. Unnötig werden die Botschaften unserer Seele aber mitunter auch dann, wenn wir uns der Stimme unserer Seele und der Stimme Gottes ganz verschließen. Denn welchen Sinn hat es, mit einem Tauben laut zu reden?

So gesehen werden wir tatsächlich »von selbst« wieder gesund. Doch was für eine Gesundheit ist das, die die Seele krank zurücklässt? Diese »Gesundheit« wird auch nicht von Dauer sein – denn unsere Seele, Gottes Wille in uns, verhält sich nicht wie ein beleidigtes Kind: Sie verstummt nicht, wenn wir ihre Botschaft nicht hören. Sie wird neue Botschaften schicken, denn sie will unser Bestes. Und schließlich werden die Botschaften so deutlich sein, dass wir sie nicht mehr überhören können.

Unsere Bewährungszeit im irdischen Leben ist begrenzt. Es ist die Zeit, in der wir die Möglichkeit haben, zu lernen, zu verstehen und uns zu entwickeln. Diese Möglichkeit können wir aber nur nutzen, wenn wir lernen, verstehen und uns entwickeln wollen!

Seien wir froh, wenn wir gesund werden. Doch fragen wir uns auch: Habe ich wirklich verstanden? Wie kann ich mein Leben zum Besseren wenden?

Wo bin ich vom Weg abgekommen, und wie kann ich wieder zurückfinden? Werde ich gesund, weil ich mich Gott geöffnet habe oder werde ich gesund, weil ich seelisch taub bin, so dass es wenig Sinn hat, mir durch Krankheitssymptome eine Botschaft zu schicken?

Lasst uns Gott dafür danken, dass er uns wahrhaft heil macht!

In der Zeit der Genesung ist es besonders wichtig, dass Sie regelmäßig beten und auf Gottes Stimme hören. In dieser Zeit ist Ihr Herz besonders aufnahmefähig für Gottes Wort, weil Sie mit ganzem Herzen gesund werden wollen.

**Was wär ein Gott, der nur von außen stieße,
im Kreis das All am Finger laufen ließe!
Ihm ziemt's, die Welt im Innern zu bewegen,
Natur in sich, sich in Natur zu hegen.
JOHANN WOLFGANG VON GOETHE (1749–1832)**

Bildgebet

Schließen Sie die Augen, und achten Sie auf Ihren Atem. Stellen Sie sich vor, wie Sie mit dem Atem göttliche Kraft und göttliches Licht in sich aufnehmen.

Halten Sie dann für ein paar Augenblicke den Atem an, und stellen Sie sich vor, wie heilendes, warmes, göttliches Licht Ihren gesamten Leib erfüllt und Ihre Seele mit Freude und Glück erhellt.

Beim Ausatmen stellen Sie sich dann vor, wie mit dem Atem alle Unreinheiten, alle negativen Gefühle und Gedanken, alles, was Ihrem Leib und Ihrer Seele schadet, Ihren Körper verlässt.

Atmen Sie auf diese Weise einige Minuten lang, bis Sie fühlen, wie Gott Ihren Leib und Ihre Seele reinigt und mit Gesundheit und Kraft erfüllt und Sie reiner, freier, klarer, heller und gesünder zurücklässt.

Bleiben Sie dann noch ein paar Minuten still mit geschlossenen Augen sitzen oder liegen, und achten Sie darauf, ob Ihnen Gott durch Gedanken, Gefühle oder leibliche Wahrnehmungen einen Rat gibt, wie Sie weiterhin Ihre Gesundheit und Ihr Leben verbessern können.

Gesund bleiben

»Gesundheit ist das höchste Gut«, heißt ein bekanntes Sprichwort. Die Gesundheit ist der Zustand, in dem Gott den Menschen schuf. Ursprünglich also ist die Gesundheit der heile, natürliche Zustand. Gott will, dass wir gesund sind und dass wir uns unsere Gesundheit erhalten.

HERR, ERHALTE MICH HEIL!

Mein Gott, ich danke Dir
für meinen heilen Leib
und meine heile Seele.
Mein Gott, ich danke Dir
für die Gesundheit und die Freude,
mein Leben zu genießen.

Mein Gott, ich bitte Dich:
Halte meinen Leib gesund
und vor allem meine Seele.
Mein Gott, ich bitte Dich:
Hilf mir, Deinen Willen zu tun
und gesund und heil und voller Freude zu sein.

Mein Gott, ich gelobe Dir:
das Geschenk meines Leibes zu ehren
und noch mehr das Geschenk meiner Seele.
Mein Gott, ich gelobe Dir:
Deinen Willen zu tun, wie ich es vermag,
Dich zu ehren durch ein gesundes, freudiges Leben.

Denn Du bist die Kraft
und die Gesundheit und die Freude.
Bitte, leite mich auf dem rechten Weg.

Amen.

Wenn wir an Körper und Seele gesund sind, dann ist das das größte Geschenk! Dieses Geschenk sollten wir achten und ehren. Sicher wissen Sie einiges darüber, wie Sie Ihren Körper gesund erhalten können. Es dürfte mittlerweile allgemein bekannt sein, dass regelmäßige Bewegung, maßvolles, nicht zu fettes Essen, viel Obst und Gemüse mit ihren wertvollen Vitaminen und der Verzicht auf Drogen wie Nikotin

Jede Krankheit hat seelische Ursachen

Auch die Medizin beginnt einzusehen, dass, wenn die Seele krank ist, auch der Körper krank wird. Heute spricht man von »psychosomatischen Krankheiten«, was nichts anderes heißt als »körperlich-seelisch bedingte Krankheiten«. Doch ein großer Teil der Wissenschaftler hat noch nicht verstanden, dass letztlich jede Krankheit ihre Wurzeln in der Seele hat. Bei Magengeschwüren oder Herzbe-

> ## KRAFTGEDANKE
>
> Lieber Gott, es ist so wundervoll, gesund zu sein – ich danke Dir.
>
> Mein heiler Leib, meine heile Seele – Du bist ihr Quell und Schutz.
>
> Ich habe die Kraft, meine Gesundheit zu erhalten – mit Gottes Hilfe.
>
> Du bist Gesundheit und Freude und Liebe, mein Gott.
>
> Deine Stimme, oh Herr, leitet mich auf dem Weg der Gesundheit.

oder Alkohol der Gesundheit zuträglich sind. Vielleicht kennen Sie sogar weitere Maßnahmen, wie Kneipp-Güsse, Kräutertees, Atemübungen, Yoga und andere, die den Leib gesund erhalten.

Die Einheit von Körper, Geist, Seele

All dies ist sinnvoll und gut. Doch reicht es aus, um gesund zu bleiben? Wirklich bedeutend ist die Erkenntnis, dass unsere Seele der eigentliche Quell der Gesundheit ist. Ohne gesunde Seele gibt es keine wirkliche Gesundheit! Ist die Seele krank, krankt der ganze Mensch. Ist die Seele gesund, wird der Körper heil werden.

schwerden ist der Medizin inzwischen bekannt, dass das seelische Befinden eine große Rolle bei der Entstehung und dem Verlauf der Krankheit spielt. Doch bei anderen gesundheitlichen Problemen werden die Zusammenhänge oftmals nicht so leicht wahrgenommen. So vermag manch einer nicht einzusehen, dass beispielsweise ein Beinbruch auch nur das Geringste mit der Seele zu tun hat.

Auch Unfälle sind keine Zufälle

Wenn wir uns die Frage stellen, wie es zu dem Beinbruch kommen konnte, beginnen wir vielleicht zu ahnen, weshalb man selbst in solchen Fällen durchaus seelische Ursachen finden kann. Wie kam es zu dem Unfall? Wieso stürzte der Betroffene, fiel vom Fahrrad oder von der Leiter? Was stimmt in seinem Leben nicht? Vielleicht ist der Unfall nicht »zufällig« passiert, sondern als Hinweis darauf, dass auch die innere Balance verloren gegangen ist. Auch andere seelische Ursachen, wie beispielsweise eine unangemessene Wahrnehmung der eigenen Grenzen, sind vorstellbar.

Gott schickt uns keine Krankheiten, um uns zu bestrafen. Er ist der Quell des Heiles und der Gesundheit. Doch können wir in jedem Leiden Gottes Wort erkennen und wichtige Hinweise darauf erhalten, wie wir unser Leben besser, sinnvoller und gesünder gestalten können.

Gesund bleiben wir, wenn wir uns Gottes Stimme öffnen und seinen weisen Rat beherzigen. Dann werden wir schon, wenn wir nur einen kleinen Schritt von unserem Weg abkommen oder wenn wir drauf und dran sind, eine wichtige Abzweigung auf unserem Lebensweg zu verpassen, unsere Richtung korrigieren können. Dann wird es unsere Seele nicht nötig haben, uns mit Krankheitssymptomen auf Fehltritte oder Versäumnisse aufmerksam zu machen.

Uns unter Gottes Schutz stellen

Regelmäßiges Beten ist wohl die beste Möglichkeit, sich Gottes Begleitung und Rat zu versichern. Er wird uns stets so leiten, dass wir die Möglichkeit haben, gesund zu bleiben. Gott will, dass wir gesund und heil sind, denn er ist der Quell des Heils.

Deshalb also sollten wir, auch wenn wir nicht krank sind, eine Bitte um Gesundheit in unser Gebet aufnehmen und Gott für unsere Gesundheit Dank sagen.

Die Gesundheit ist eines der wertvollsten Geschenke Gottes an die Menschen. Gesundheit ist etwas, für das wir dankbar sein können. Leider erkennen viele Menschen dies erst dann, wenn sie krank werden. Und selbst dann wollen viele nur die körperlichen Symptome loswerden. Die seelischen Wurzeln der Krankheit zeigen uns jedoch, wie wir leben sollten, um gesund zu werden.

Wie wunderbar ist es, gesund zu bleiben! Darum sollten wir Gott täglich bitten, zum Beispiel mit einem Bildgebet wie dem folgenden, und ihm für die Erfüllung dieser Bitte danken.

Nehmen Sie sich täglich die Zeit, Gottes Stimme und Gottes Kraft zu fühlen.

Schließen Sie die Augen, und stellen Sie sich vor, dass Gott als helles, klares Licht über Ihrem Kopf schwebt. Spüren Sie, wie das warme, heilbringende Licht in Ihren Kopf strömt und Ihre Seele mit Freude und Glück erfüllt.

Stellen Sie sich vor, wie das Licht Gottes weiter nach unten fließt, bis es Ihren gesamten Leib erfüllt und Ihnen Kraft und Lebensenergie verleiht. Versuchen Sie, diese Vorstellung möglichst lange zu halten.

Wenn Gedanken auftauchen, lassen Sie diese ruhig vorüberziehen, und konzentrieren Sie sich auf die Vorstellung des göttlichen Lichtes.

Wenn Sie körperliche Wahrnehmungen haben, spüren Sie nach, ob Gott Ihnen damit etwas sagen möchte.

Wenn Gefühle Sie erfüllen, lassen Sie Ihnen freien Lauf, ohne sie zu unterdrücken und ohne sich in diese Gefühle hineinzubegeben. Achten Sie ruhig und aufmerksam auf die Gefühle, mit denen Ihnen Gott vielleicht etwas sagen will.

Auch dies ist ein Gebet! Bleiben Sie nach dem Ende des Gebetes noch einige Minuten in der Stille, und achten Sie darauf, ob Ihnen Gott durch Gedanken, Gefühle oder leibliche Wahrnehmungen einen Rat gibt, wie Sie weiterhin Ihre Gesundheit erhalten und Ihr Leben sinnvoll gestalten können.

Wer in der Dunkelstunde seines Mitmenschen
auch nur eine Kerze entzündet hat,
hat nicht umsonst gelebt.

Zenta Maurina (1897–1978)

FÜR ANDERE BETEN

*Wenn jeder dem anderen helfen wollte,
wäre allen geholfen.*
MARIE VON EBNER-ESCHENBACH
(1830 – 1916)

Nicht nur für uns selbst, auch für andere Menschen können wir beten und Gott um Hilfe bitten. Es ist sogar besonders wertvoll, andere Menschen in unsere täglichen Gebete mit einzuschließen.

Wenn wir unsere Gedanken nicht nur auf uns selbst und unsere Schwierigkeiten richten, praktizieren wir unseren Glauben, dessen höchster Wert die Nächstenliebe ist. Letztlich tun wir aber immer, wenn wir etwas für andere Menschen tun, auch etwas für uns selbst. Wenn wir anderen helfen, auch wenn wir für andere beten, tun wir immer auch uns selbst etwas Gutes.

Wann beten wir für andere Menschen?

Es gibt verschiedene Gründe, für andere zu beten. Vielleicht können diese Menschen selbst nicht beten, weil sie zu krank sind. Vielleicht haben sie sich zu weit von Gott entfernt, um zu ihm beten zu können; sie bedürfen der Fürbitte anderer, um wieder zu Gott zu finden. Vielleicht ist ein Problem für einen anderen Menschen so umfassend, dass es gut ist, wenn sich viele Menschen im Gebet verbinden. Was aber auch die Gründe dafür sein mögen: Auch um unserer selbst willen sollten wir für andere Menschen beten.

Anlässe dazu gibt es wahrlich genug – jeden Tag. Wir können für andere beten, wenn sie krank sind und leiden. Wir können für andere beten, wenn sie verblendet sind und sich von Gott entfernt haben. Wir können auch für die Menschheit und die Welt bitten, beispielsweise um den Frieden, den die Welt heute nötiger denn je hat. Wir können in unserem Herzen Menschen, die von Katastrophen oder von Verbrechen betroffen sind, in ihrer Not und Verzweiflung durch das Gebet beistehen.

Den Glauben leben

Wenn wir das Leiden auf dieser Welt in unserem Herzen spüren, dann nehmen wir bereits einen kleinen Teil dieses Leidens auf uns und folgen damit unserem Erlöser Jesus Christus nach.

Christus nahm die Schuld und das Leid der Welt durch seinen Tod auf sich und für ist für uns Menschen am Kreuz gestorben. Indem wir dem Vorbild Christi nachfolgen, leben wir unseren lebendigen Glauben.

Diese Bürde kann oftmals zu schwer für uns werden – und wie immer, in jeder Situation unseres Lebens, wenn wir Hilfe brauchen, können wir uns vertrauensvoll an Gott wenden.

Um Gesundheit beten

Für andere in der Not zu bitten kann helfen. Diese Gewissheit haben wir aus unserem Glauben. Aber sogar die Wissenschaft hat das bewiesen. Vor kurzem wurde in Amerika untersucht, wie sich das Beten und auch das Beten für andere Menschen positiv auswirkt:

Es ließ sich sogar wissenschaftlich beweisen, dass Menschen, für die gebetet wurde, schneller und häufiger wieder gesund wurden. Das Beten um die Gesundheit anderer hat im Christentum eine lange Tradition. Nutzen wir diese wunderbare Möglichkeit für die Gesundheit unserer Lieben, wenn sie krank sind!

DAS HEIL LIEGT GANZ ALLEIN IN DIR

Mein Gott, ich bitte Dich,
nicht für mich, sondern für ...:
hilf ihr (ihm), die Krankheit zu überwinden,
hilf, dass sie (er) versteht, dass die Krankheit eine Botschaft hat,
hilf ihr (ihm), die Botschaft zu hören und zu verstehen.

Nicht in meiner Macht liegt es zu heilen,
denn das Heil liegt allein in Dir.
Du aber gabst mir die Möglichkeit, mich an Dich zu wenden.
Ich wünsche mir so sehr, dass ... gesund wird.
Ich verstehe natürlich:
Dein Wille geschehe und nicht der meine.
Und ich weiß auch,
dass Du stets das Richtige tun wirst.

Und deshalb bitte ich Dich,
nicht für mich, sondern für ...:
Hilf ihr (ihm), Heil zu finden.
Denn das Heil ist bei Dir.

Amen.

Beistand in der Not

Tagtäglich hören wir in den Nachrichten oder lesen in der Zeitung von schrecklichen Naturkatastrophen, von Hungersnöten, Krisensituationen und von Verbrechen. Es ist wichtig einzusehen, dass uns nicht Gott dieses Leiden gebracht hat, sondern wir Menschen selbst – und dass wir Gott dennoch in diesen Notsituationen um Hilfe bitten können.

STEH IHNEN BEI IN SCHWERER ZEIT

Lieber Gott, heute habe ich davon gehört, dass ...
Mein Herz ist voller Mitleid mit diesen leidenden Menschen.
Ich fühle ihren Kummer, ihren Schmerz in mir.
Es steht nicht in meiner Macht,
ihr Leid mit meinen Mitteln zu lindern,
doch Du hast mir die Kraft gegeben,
Dich, wenn ich Dich brauche, um Hilfe zu bitten:

Darum bitte ich Dich,
nicht um meines Mitleides willen,
sondern für die Betroffenen, die leiden:
Bitte, steh ihnen bei in ihrer schweren Zeit,
bitte, hilf ihnen, das Schreckliche zu verarbeiten,
bitte, hilf ihnen, den Schmerz zu überwinden,
bitte, hilf ihnen, aus dem Leid Einsichten und Kraft zu gewinnen.

Denn Du bist das Licht und die Liebe und das Leben.

Amen.

Bitten um Frieden

Die Welt braucht heute mehr denn je Frieden und Liebe. Zu allen Zeiten haben die Menschen Gewalt, Hass und Krieg in die Welt gebracht. Doch die modernen Waffen sind noch schrecklicher als die früherer Zeiten und bedrohen die gesamte Menschheit. Deshalb ist es so wichtig, um Frieden zu bitten und um Einsicht für die, die so verblendet sind, Gott auch noch um Beistand für ihr mörderisches Tun zu bitten und ihre Waffen von ihm segnen lassen wollen. Mit Gottes Liebe wird schließlich der Hass überwunden werden.

LASS FRIEDEN WERDEN

Gott, lass Frieden werden!
Du bist die reine Liebe, doch in den Menschen ist oft so viel Hass.
Ich bitte Dich: Hilf uns, Hass und Gewalt zu überwinden,
Hilf uns, Deinem Wort und Deinem Weg zu folgen.
Ich verstehe, dass Du dem Menschen die Freiheit gegeben hast,
damit er sich frei für Dich entscheiden kann.
Wenn Menschen sich für Krieg und Hass entscheiden,
so ist das stets ihr eignes Tun.
Wenn sie Dein Wort nicht hören und nicht Deinen Willen tun,
wenn ihre Herzen zu verschlossen sind,
um sich in der Dunkelheit an Dich zu wenden,
bitte ich Dich für sie: Schenk ihnen Frieden.
Ich bitte Dich – nicht um meinetwillen, sondern für sie:
Öffne ihre Herzen und ihren Verstand, damit sie Frieden finden
und wieder auf den Weg zu Dir gelangen.

Amen.

Beten um Einsicht

Wir sollten jeden Tag dankbar dafür sein, dass wir die Kraft des Glaubens haben. Aber wir sollten darüber nicht hochmütig und stolz werden, sondern vielmehr unseren Glauben bewusst und mit Freude dazu gebrauchen, anderen beizustehen, damit diese auch die wunderbare Kraft erfahren können. Eine Möglichkeit dazu ist die Fürbitte im Gebet.

Hilf uns, Einsicht zu gewinnen
Ich bitte Dich, Gott,
nicht nur für mich, sondern auch für die,
die Dein Wort nicht hören können oder wollen,
die sich von Dir abgewandt haben,
die auf den falschen Weg geraten sind:
Hilf ihnen, Einsicht zu gewinnen.
Du gabst uns die Freiheit.
Doch oft sind wir Menschen schwach
und begreifen nicht Dein großes Geschenk,
missbrauchen es oder lassen uns verblenden.
Ich danke Dir so sehr,
dass ich Dir mein Herz öffnen kann.
Ich bitte Dich: Hilf anderen, die nicht so glücklich sind,
wieder auf Deinen Weg zu finden,
Einsicht und Glauben zu gewinnen.

Amen.

Beten um Einsicht

Gib uns
reinen Geist,
damit wir Dich sehen,

demütigen Geist,
damit wir Dich hören,

liebenden Geist,
damit wir Dir dienen,

gläubigen Geist,
damit wir Dich leben.

DAG HAMMARSKJÖLD
(1905–1961)

Der Teufel hat Gewalt, sich zu verkleiden
in lockende Gestalt.

Shakespeare, Hamlet II, 2

Das Böse durch Gebete vertreiben

Gleich wie Feuer nicht Feuer löscht, so kann Böses nicht Böses ersticken. Nur das Gute, wenn es auf das Böse stößt und von diesem nicht angesteckt wird, besiegt das Böse.

LEO TOLSTOI (1828 – 1910)

Es ist leider so, dass in unserer Welt auch das Böse große Macht hat und versucht, von Menschen Besitz zu ergreifen. Wir können uns das Böse als eine persönliche Kraft vorstellen, die uns in Versuchung führt, die uns entgegen unserem besten Wissen und Gewissen handeln lassen will. In der Bibel ist in diesem Zusammenhang vom Teufel, Satan und von Dämonen und Geistern die Rede. Petrus schrieb: *Seid nüchtern und wachsam! Euer Widersacher, der Teufel, geht wie ein brüllender Löwe umher und sucht, wen er verschlingen kann. Leistet ihm Widerstand in der Kraft des Glaubens! Wisst, dass eure Brüder in der ganzen Welt die gleichen Leiden ertragen müssen!* (1 Petr 5, 8–9).

Natürlich fragen sich Menschen oft, wieso Gott denn überhaupt das Böse zulässt. Da Gott ja alles geschaffen hat, hat er also auch das Böse, den Teufel, geschaffen? Wir müssen uns immer wieder bewusst machen, dass wir mit unserem begrenzten menschlichen Verstand Gottes Wege nicht begreifen können. Gottes Wille und Gottes Sein steht so weit außerhalb unseres kleinen Verstandes, dass es eine große Anmaßung wäre, Gottes Handeln »überprüfen« und vorausplanen zu wollen oder gar zu bewerten.

Letztendlich können wir die Existenz des Bösen nur so verstehen: Gäbe es das Böse nicht, könnten wir nicht wählen – wir könnten Gott nicht wählen, wir könnten gar nicht anders als glauben. Den Menschen macht aber gerade die Tatsache aus, dass er glauben kann oder nicht!

Das Böse, der Teufel, Satan, Dämonen, böse Geister zeigen sich ja nicht so wie im Märchen. Wenn der Teufel immer nach Schwefel riechen würde, Hörner auf dem Kopf trüge und einen Bocksfuß hätte, dann wäre wohl kein Mensch so dumm, auf die Schliche des Bösen hereinzufallen.

Das Böse kommt in vielerlei Verkleidung zu uns: als Versuchung, als Zweifel, als Aberglaube, als Krankheit.

Selbst Jesus hatte mit Dämonen zu kämpfen, wie wir im Matthäus-Evangelium lesen können:

Dann wurde Jesus vom Geist in die Wüste geführt; dort sollte er vom Teufel in Versuchung geführt werden. Als er vierzig Tage und vierzig Nächte gefastet hatte, bekam er Hunger. Da trat der Versucher an ihn heran und sagte: »Wenn du Gottes Sohn bist, so befiehl, dass aus diesen Steinen Brot wird.« Er aber antwortete: »Der Mensch lebt nicht nur von Brot, sondern von jedem Wort, das aus Gottes Mund kommt.« Darauf nahm ihn der Teufel mit sich in die Heilige Stadt, stellte ihn oben auf den Tempel und sagte zu ihm: »Wenn du Gottes Sohn bist, so stürze dich hinab.« Jesus antwortete ihm: »Du sollst den Herrn, deinen Gott, nicht auf die Probe stellen.« Wieder nahm ihn der Teufel mit sich und führte ihn auf einen sehr hohen Berg; er zeigte ihm alle Reiche der Welt mit ihrer Pracht und sagte zu ihm: »Das alles will ich dir geben, wenn du dich vor mir niederwirfst und mich anbetest.« Da sagte Jesus zu ihm: »Weg mit dir, Satan! Vor dem Herrn, deinem Gott, sollst du dich niederwerfen und ihm allein dienen. Darauf ließ der Teufel von ihm ab.« Mt 4, 1–11

Wie wir uns vor dem Bösen schützen

Wir müssen wachsam bleiben, wenn wir die bösen Geister abwehren möchten, die unseren freien Willen, den uns Gott gegeben hat, ausnutzen wollen. Schon immer hatten die Menschen mit der Versuchung durch das Böse zu kämpfen. In der Bibel lesen wir, dass Gott zu Kain spricht:

Wenn du recht tust, darfst du aufblicken; wenn du nicht recht tust, lauert an der Tür die Sünde als Dämon. Auf dich hat er es abgesehen, doch du werde Herr über ihn! (Gen 4, 7)

Wie wir wissen, befolgte Kain ja Gottes Rat nicht, sondern folgte stattdessen den Einflüsterungen des Bösen und erschlug seinen Bruder Abel.

Wir können viel dazu beitragen, die Angriffe des Bösen abzuwehren – indem wir uns sozusagen in »spiritueller Selbstverteidigung« üben.

In der Bibel finden wir einige Stellen, die deutlich sagen, wie wir die Dämonen von uns fernhalten können:

Ist erst einmal eine Lüge ausgesprochen, und sei sie auch nur klein, besteht die Gefahr, dass dem Bösen die Tür einen Spalt weit geöffnet wurde und es flugs eindringen kann. Legt deshalb die Lüge ab, und redet untereinander die Wahrheit; denn wir sind als Glieder miteinander verbunden. Lasst euch durch den Zorn nicht zur Sünde hinreißen! Die Sonne soll über eurem Zorn nicht untergehen. Gebt dem Teufel keinen Raum! (Eph 4, 25-27)

Ordnet euch also Gott unter, leistet dem Teufel Widerstand; dann wird er vor euch fliehen. Sucht die Nähe Gottes; dann wird er sich euch nähern. Reinigt die Hände, ihr Sünder, läutert euer Herz, ihr Menschen mit zwei Seelen! (Jak 4, 7-8)

Das Böse überwinden

Nun ist es eine Sache, das Böse abzuwehren, und eine ganz andere, dämonische Einflüsse zu überwinden, wenn sie bereits Macht über einen gewonnen haben. Das Böse gar nicht erst eindringen zu lassen ist natürlich das Beste – aber wer von uns kann denn sagen, er sei so vollkommen, dass das Böse bei ihm nicht die geringste Chance hat? Wer von sich behauptet, er sei diesbezüglich so perfekt, und unanfechtbar, der hat dem Dämon der Hochmut bereits seine Tür und Tor weit geöffnet!

Wenn wir über das Leben Jesu lesen, dann hören wir immer wieder davon, dass er Dämonen ausgetrieben hat. Meistens waren dies böse Geister, die sich in Form von Krankheiten zeigten. So heilt Jesus in den folgenden beiden Beispielen einen Stummen und eine Frau mit einem langjährigen Rückenleiden.

Als sie gegangen waren, brachte man zu Jesus einen Stummen, der von einem Dämon besessen war. Er trieb den Dämon aus, und der Stumme konnte reden. (Mt 9, 32-33)

Dort saß eine Frau, die seit achtzehn Jahren krank war, weil sie von einem Dämon geplagt wurde; ihr Rücken war verkrümmt, und sie konnte nicht mehr aufrecht gehen. Als Jesus sie sah, rief er sie zu sich und sagte: Frau, du bist von deinem Leiden erlöst. Und er legte ihr die Hände auf. Im gleichen Augenblick richtete sie sich auf und pries Gott. (Lk 13, 11-13)

Diese Beispiele aus dem Neuen Testament zeigen uns noch einmal, dass böse Geister in ganz unterschiedlichen Gestalten zu uns kommen können. Sie zeigen uns aber gleichzeitig auch, dass, so bald die Dämonen vertrieben worden sind, Gesundheit, Glaube und Lebensfreude wieder ihren Platz finden.

Hilfe durch die Kraft des Gebets

Nun mögen Sie wohl einwenden: »Ja, das ist wohl wahr. Aber Jesus lebt ja nicht mehr unter uns. Natürlich glaube ich, dass Jesus Dämonen vertreiben konnte. Vielleicht ist ja auch ein Priester dazu imstande, aber wie sollte ich das können?« Lesen Sie dazu doch einmal die folgende Stellen aus dem Neuen Testament:

Als sie zurückkamen, begegneten sie [Jesus und seine Jünger] einer großen Zahl von Menschen. Da trat ein Mann auf ihn zu, fiel vor ihm auf die Knie und sagte: »Herr, hab Erbarmen mit meinem Sohn! Er ist mondsüchtig und hat schwer zu leiden. Immer wieder fällt er ins Feuer oder ins Wasser. Ich habe ihn schon zu deinen Jüngern gebracht, aber sie konnten ihn nicht heilen.« Da sagte Jesus: »O ihr Ungläubigen und Unbelehrbaren! Wie lange muss ich noch bei euch sein? Bringt ihn her zu mir!« Dann drohte Jesus dem Dämon. Der Dämon verließ den Jungen, und der Junge war von diesem Augenblick an geheilt. Als die Jünger mit Jesus allein waren, wandten sie sich an ihn und fragten: »Warum konnten denn wir den Dämon nicht austreiben?« Er antwortete: »Weil euer Glaube so klein ist. Amen, das sage ich euch: Wenn euer Glaube auch nur so groß ist wie ein Senfkorn, dann werdet ihr zu diesem Berg sagen: Rück von hier nach dort!, und er wird wegrücken. Nichts wird euch unmöglich sein. (Mt 17, 14-21)

Weiche von mir!

Weiche, Dämon der Stille!
Höre das Wort: Gott ist mit mir!
Jesus Christus ist mit mir!
Der Heilige Geist ist mit mir!

Weiche, Dämon der Gier!
Höre das Wort: Gott ist mit mir!
Jesus Christus ist mit mir!
Der Heilige Geist ist mit mir!

Weiche, Dämon der Wut!
Höre das Wort: Gott ist mit mir!
Jesus Christus ist mit mir!
Der Heilige Geist ist mit mir!

Fort! Fort! Fort!
Hier ist nur Gott.
Hier ist nur Jesus Christus.
Hier ist nur der Heilige Geist.
Hinaus! Weiche! Fort!
Kein Ort ist hier für dich:
Im Lichte der Liebe Gottes.
Weiche Dämon!

Im folgenden Text bei Markus wird deutlich, wie Dämonen auszutreiben sind. Die Jünger fragen:

Warum konnten denn wir den Dämon nicht austreiben? Er antwortete ihnen: Diese Art kann nur durch Gebet ausgetrieben werden.
(Mk 9, 28–29)

Jesus selbst sagt also, dass jeder gläubige Mensch die Macht hat, Dämonen zu vertreiben, wenn er nur fest im Glauben ist. Und er gibt (bei Markus) sogar das Mittel an, mit dem Dämonen ausgetrieben werden können: *... nur durch Gebet ..!*

Wenn wir fest an Gott glauben, werden wir durch die Kraft des Gebetes Dämonen von uns fern halten können. Selbst wenn wir zweifeln, aber trotzdem den aufrichtigen Herzenswunsch haben zu glauben, dann wird uns das auch gelingen, denn dann wird uns der Herr beistehen. Wenn wir wahrhaft fest im Glauben sind, wird es uns sogar gelingen, Dämonen zu vertreiben, die von anderen Menschen Besitz ergriffen haben, so dass sie sich nicht mehr selbst helfen können.

Auf unser Herz kommt es also an. So lange Gott noch darin wohnt, haben wir nichts Böses zu fürchten. Erst wenn wir aufhören an Gott und das Gute zu glauben, wird es schwer:

Dann kommt der Teufel und nimmt das Wort von ihren Herzen weg, auf dass sie nicht glauben und errettet werden.
(Lk 8, 12)

Wo du bist

Wo du bist, Herr, kann das Böse nicht sein.

Wo du bist, Herr, wird das Böse zunichte.

Schwach und hilflos ist der Teufel,

Feige sind die Dämonen,

Fliehen die bösen Geister,

sobald Du dich nahst, mein Gott.

Ich trete dem Bösen mutig entgegen,

mit dem Glauben als Schwert,

mit Gott als mein Schild,

und ziehe voll Zuversicht dem Dämon entgegen.

Herr: Lass die bösen Geister in Deinem heiligen Licht vergehn.

Durch Dein flammendes Schwert der Liebe vernichte das Böse.

Jesus Christus:

Du bist für uns gestorben, vor Dir ist der Teufel geflohn,

Heiland, zieh in mein Herz, hilf mir, das Böse im Dunkel

durch strahlendes Licht zu schmelzen.

Du bist mein Licht in mir,

Dämonen, Teufel, böse Geister flüchten.

Du bist mein Heil, mein Schutz, mein Schwert.

Deine Güte ist wie ein Sturm

gegen den Hauch des Bösen.

Frei von allen bösen Geistern, Teufeln und Dämonen

bin ich durch Dich, mein Gott.

Amen.

Register

Hinweis für unsere Leser

Alle Empfehlungen in diesem Buch wurden mit der größtmöglichen Sorgfalt zusammengestellt. Dennoch ist eine Haftung von Autoren, Produzent und Verlag für Schäden aus der Anwendung der hier erteilten Ratschläge ausgeschlossen.

Impressum

© 2001 W. Ludwig Buchverlag, München, in der Econ Ullstein List Verlag GmbH & Co. KG, München.

Alle Rechte vorbehalten.

Nachdruck – auch auszugsweise – nur mit Genehmigung des Verlags.

Redaktion:
Angelika Forster-Walter

Redaktionsleitung:
Dr. Reinhard Pietsch

Produktion:
Manfred Metzger, Annette Aatz, Monika Köhler

Umschlag:
Manuela Hutschenreiter, München

Layout:
Wolfgang Lehner, Veronika Moga

DTP/Satz:
Wolfgang Lehner

Printed in Slovakia

Gedruckt auf chlor- und säurearmem Papier

ISBN 3-7787-3919-0

Bücher für einen lebendigen Glauben

**Elisabeh Pitsch/Horst von der Bey
Meine Erstkommunion –
das Vorbereitungsbuch**

48 Seiten, 21 x 26 cm
durchgehend vierfarbig
laminierter Pappband

DM 14,90/öS 109,–/€ 7,90
ISBN 3-517-06320-7

**Dr. Alfred Läpple
Mit den Heiligen durch das Jahr**

760 Seiten, 16,2 x 21,5 cm
durchgehend vierfarbig
laminierter Pappband

DM 36;-/öS 263,–/€ 18,–
ISBN 3-7787-3860-7

**Carlo Melchers
Das große Buch der Heiligen**

560 Seiten, 18,5 x 24 cm
durchgehend vierfarbig
laminierter Pappband

DM 49,90/öS 364,–/€ 25,–
ISBN 3-7787-3685-X